全国中等职业学校
课程改革规划新教材

Qiche Cheshen Banjin Xiufu Jishu
汽车车身钣金修复技术

主 编 夏 坤 黄靖淋

副主编 朱 帆 罗 波

人民交通出版社

内 容 提 要

本书是全国中等职业学校课程改革规划新教材之一,全书共六个学习任务,内容包括:汽车钣金维修安全知识、汽车钣金维修基本工具、汽车车身板件的拆装与调整、汽车车身板件的焊接、车身板件修复和车身测量校正。

本书可作为中等职业学校汽车运用与维修专业的教材,也可供汽车维修及相关技术人员参考阅读。

图书在版编目(CIP)数据

汽车车身钣金修复技术/夏坤,黄靖淋主编. —北京:人民交通出版社,2013.8
ISBN 978-7-114-10835-8

Ⅰ.①汽… Ⅱ.①夏…②黄… Ⅲ.①汽车－车体－车辆修理－中等专业学校－教材 Ⅳ.①U472.4

中国版本图书馆 CIP 数据核字(2013)第 186686 号

全国中等职业学校课程改革规划新教材

书　　名	汽车车身钣金修复技术
著 作 者	夏　坤　黄靖淋
责任编辑	戴慧莉
出版发行	人民交通出版社股份有限公司
地　　址	(100011)北京市朝阳区安定门外外馆斜街 3 号
网　　址	http://www.ccpress.com.cn
销售电话	(010) 59757973
总 经 销	人民交通出版社股份有限公司发行部
经　　销	各地新华书店
印　　刷	北京市密东印刷有限公司
开　　本	787×1092　1/16
印　　张	6.75
字　　数	131 千
版　　次	2013 年 8 月　第 1 版
印　　次	2017 年 6 月　第 3 次印刷
书　　号	ISBN 978-7-114-10835-8
定　　价	15.00 元

(有印刷、装订质量问题的图书由本社负责调换)

全国中等职业学校汽车运用与维修专业课程改革规划新教材编委会

(排名不分先后)

主　　任：李　青(四川交通运输职业学校)　　王德平(贵阳市交通技工学校)

副 主 任：王珏翎(成都市工业职业技术学校)　韦生键(成都汽车职业技术学校)
　　　　　徐　力(成都市工程职业技术学校)　雷春国(郴州工业交通学校)
　　　　　杨兴红(郫县友爱职业技术学校)　　赫天华(西昌交通学校)
　　　　　刘有星(四川交通运输职业学校)　　姜雪茹(成都市工业职业技术学校)
　　　　　袁家武(贵阳市交通技工学校)　　　刘　力(重庆渝北职业教育中心)
　　　　　黄　轶(重庆巴南职业教育中心)　　唐孝松(郴州工业交通学校)
　　　　　蹇明香(达州高级技工学校)

委　　员：刘新江　柏令勇　钟　声　陈　瑜　黄仕利　雷小勇　杨二杰　袁永东
　　　　　雍朝康　李江生　黄靖淋　程　戈(四川交通运输职业学校)
　　　　　向　阳　张兴华　曾重荣　王万春　兰国龙　周殿友
　　　　　秦政义(成都汽车职业技术学校)
　　　　　谢可平　王　健　李学友　姚秀驰(贵阳市交通技工学校)
　　　　　王从明　陈凯镔(成都市工业职业技术学校)
　　　　　韩　超　唐建鹏(成都市工程职业技术学校)
　　　　　许　康(四川交通职业技术学院)
　　　　　王晓洪　罗　波　李显良(达州高级技工学校)
　　　　　袁　亮　陈淑芬(郴州工业交通学校)
　　　　　向朝贵　丁　全(郫县友爱职业技术学校)
　　　　　梁秋声　任佳仲(西昌交通学校)
　　　　　石光成　李朝东(重庆巴南职业教育中心)
　　　　　黄　晓　唐守均(重庆渝北职业教育中心)
　　　　　夏　坤(重庆立信职业教育中心)

丛书总主审：朱　军
秘　　书：戴慧莉

前言

根据《国家中长期教育改革和发展规划纲要(2010—2020年)》及《教育部关于"十二五"职业教育教材建设的若干意见》指导思想,为适应目前中等职业教育"工学结合、校企合作、顶岗实习"的人才培养模式,坚持职业岗位、课程教材内容与职业标准、教学过程与生产过程的深度对接,结合汽车专业领域的应用,编写"全国中等职业学校课程改革规划新教材",满足培养工作第一线的技能型人才的需要。

"全国中等职业学校课程改革规划新教材"第一版自2010年出版发行以来,多次重印,被全国多所中等职业院校选为汽车运用与维修专业教学用书,受到了广大师生的好评。

本套教材第一版出版后,人民交通出版社和编者陆续收到了一些院校教师的信息反馈,他们对书中的内容提出了宝贵的意见和建议。

2012年8月,人民交通出版社组织十几所院校的汽车系教师代表,在成都召开了"全国中等职业学校课程改革规划新教材"修订会议,经过认真研究讨论,确定了每本教材的修订方案;2013年3月,又组织召开了"全国中等职业学校课程改革规划新教材"审稿会,对修订教材和新编教材进行了审定。

《汽车车身钣金修复技术》是本套教材中新编教材。本书编写中结合了汽车维修企业操作实际,同时考虑到中等职业教育的特点及职教改革的发展趋势。教材的编写注重突出几个特色:

①在内容上以突出新技术、新工艺为主;

②叙述时力求由浅入深,通俗易懂,文字简练,图文并茂;

③以培养具有扎实专业知识和熟练操作技能为目的,以内容新颖、理论与实践相结合为原则;

④理论方面着重基础知识、基本原理的讲述;

⑤实训方面则侧重培养学生的基本操作技能。

本书由重庆市立信职业教育中心夏坤、四川交通运输职业学校黄靖淋担任主编,由湖北黄冈交通学校朱帆、达州高级技工学校罗波担任副主编。参与本书实训部分内容编写的人员还有重庆市立信职业教育中心曹燕、赵茂林,四川交通运输职业学校余建忠。

限于编者水平,书中难免有疏漏和错误之处,恳请广大读者提出宝贵建议,以便进一步修改和完善。

全国中等职业学校汽车运用与维修
专业课程改革规划新教材编委会
2013年6月

目 录

学习任务一　汽车钣金维修安全知识 1
　一、理论知识准备 1
　二、评价与反馈 7
学习任务二　汽车钣金维修基本工具 9
　一、理论知识准备 9
　二、实践操作 18
　三、学习拓展 20
　四、评价与反馈 21
　五、技能考核标准 23
学习任务三　汽车车身板件的拆装与调整 24
　一、理论知识准备 24
　二、实践操作 34
　三、学习拓展 36
　四、评价与反馈 37
　五、技能考核标准 39
学习任务四　汽车车身板件的焊接 40
　一、理论知识准备 40
　二、实践操作 54
　三、学习拓展 57
　四、评价与反馈 59
　五、技能考核标准 61
学习任务五　车身板件修复 62
　一、理论知识准备 62
　二、实践操作 68
　三、学习拓展 70

四、评价与反馈 ··· 71
　　五、技能考核标准 ··· 73
学习任务六　车身测量校正 74
　　一、理论知识准备 ··· 74
　　二、实践操作 ··· 87
　　三、学习拓展 ··· 94
　　四、评价与反馈 ··· 95
　　五、技能考核标准 ··· 96
参考文献 ··· 98

学习任务一　汽车钣金维修安全知识

任务要求

完成本学习任务后,你应该:

1. 熟悉钣金车间的布置形式;
2. 掌握个人防护用品的正确使用;
3. 掌握钣金维修工具和设备的正确使用。

建议学时:6 学时

任务描述

汽车钣金修复是在一个有严格分区的空间进行的,因此正确地布置这个空间是非常重要的。在这个空间内进行车身修复,必须在掌握维修工具和设备的正确使用方法及自身安全得到保障的前提下进行。

一、理论知识准备

1. 汽车车身修理车间布置

(1) 工作区布置。

车身钣金修复工作区一般分为钣金加工检查、钣金加工校正、车身校正和材料存放工位。在车身修复工作区要完成事故车辆的检查、车辆零部件的拆卸、板件修理、车身测量校正、车身板件更换和车身板件装配调整工作。车身测量校正、车身焊接、车身装配调整一般在一个固定的工位上进行,即车身校正仪。校正仪平台一般为长 5~6m,宽 2~2.5m。为安全起见,校正仪外围要预留 1.5~2m 的操作空间,校正工位长 8~10m,宽 5~6.5m。钣金车间区域划分如图 1-1 所示。

(2) 气路布置。

车身修复工作区要使用压缩空气,所以气路布置要合理。钣金车间气路布置如图 1-2 所示。

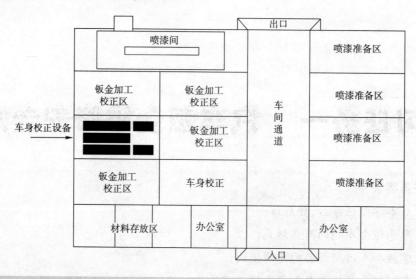

图1-1 钣金车间的区域划分

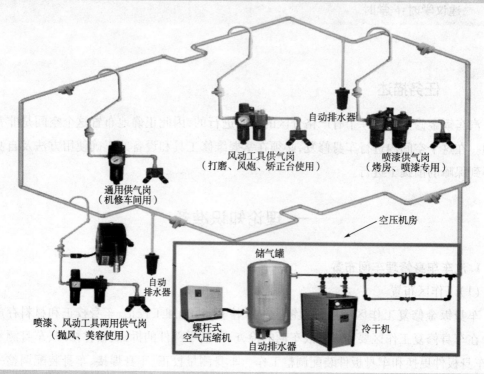

图1-2 钣金车间气路布置

(3)工作岗。

工作岗是整个供气系统最末端部分,一端与主管道连接,另一端借助供气软管与钣喷工具相连。主要的工作岗有:通用供气岗、风动工具供气岗、喷漆专用供气岗和喷漆与风动两用供气岗。工作岗主要使用用气量较大的打磨、风炮、矫正台等工具。岗位配置压力调节器、快速接头座、隔水油雾器(隔水器、油雾器)。

(4)快速接头、快速插头。

快速接头以及快速插头都是汽修厂最常用的连接件,对其质量要求很高,不仅要求不漏气、耐用,而且还要求其使用安全方便。快速接头如图1-3所示。

(5)气鼓、软管。

通常维修车间的工作不只是在固定的工作岗位前完成,因此需要通过软管接在固定岗位上,将气源送到工作地方。输气管道安放不恰当或直接置于地上,既容易弄脏损坏,又容易造成事故。使用气鼓能够有效地解决此问题。气鼓所用软管,除了要有足够的内径以外,还应具备结构坚固、不含硅、耐压、防静电等一系列特点。气鼓和软管如图1-4所示。

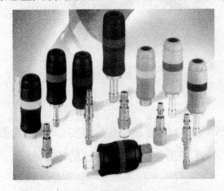

图1-3 快速接头

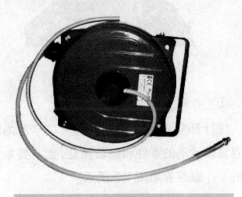

图1-4 气鼓和软管

2. 汽车钣金维修人身防护知识

个人安全防护就是汽车钣金维修人员要保护自己免受伤害,包括穿戴安全防护装置、正确的职业行为习惯和正确使用工具及设备。

(1)个人安全准则。

汽车钣金维修人员使用设备前要认真阅读说明书;佩戴个人防护用品,包括头罩、防护眼镜、防尘面具、工作服;禁止打闹;正确运用工具。

(2)身体防护。

①呼吸面罩。

汽车维修经常在有毒化学气体环境中进行。不论是暴露在有毒气体中还是过量尘埃中,汽车钣金维修人员都要戴上呼吸器或呼吸面罩,如图1-5所示。

②防护眼镜。

当工作环境存在损伤眼睛的风险时,汽车钣金维修人员要戴上防护眼镜。防护眼镜的镜片要用安全玻璃制成,同时还应能防护眼部侧面。普通眼镜不能作为安全眼镜使用。佩戴防护眼镜,可以防止金属颗粒进入眼睛。防护眼镜如图1-6所示。

③焊接面罩。

面罩材料为防火PP,视窗尺寸为90mm×40mm,灵敏度和恢复时间可调节。响应速度1/20000~1/30000s(明态到暗态),恢复时间0.1~1s(暗态到明态)。采用不同焊接方式的遮光号选用标准遮光号,亮态时 DIN4,暗态时 DIN9～13(可调遮光号,适应不用环境条件中作业)。焊接面罩如图1-7所示。

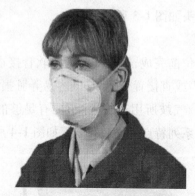

图1-5　防尘口罩

图1-6　防护眼镜

④工作服。

进行钣金维修工作时,维修人员穿着的服装不但要合体舒适,还要结实。宽松的服装很容易被运动的零件和机器挂住,也不要系领带,不要将工作服套在自己的衣服外面。正确的工作服穿着如图1-8所示。

图1-7　焊接面罩

图1-8　工作服装

⑤工作帽。

蓬松的长发和悬挂的饰物很容易被运动的机器挂住引发事故。如果头发很长,工作时就应该将其扎在脑后,或者塞进帽子里。

⑥安全鞋。

维修汽车时重物有可能意外掉落砸到脚上,所以要穿用皮革或类似材料做成的并具有防滑底的鞋或靴子。铁头安全鞋可以增强对脚的保护,如图1-9所示。运动鞋、休闲鞋和凉拖鞋都不适合在车间穿。

⑦手套。

维修人员常常忽视对手的保护,戴手套不仅可以保护手,避免损伤手,防止通过手传染疾病,也可以使手保持清洁。有多种不同的手套可以供选戴,进行磨削、焊接作业或拿高温物件时,应该戴上厚手套。在处理强腐蚀性或危险性化学物品时,应该戴上聚亚安酯或维尼龙手套,戴上乳胶手套和丁腈橡胶手套可以防止油污沾到指甲上,以预防疾病。焊接用皮手套如图1-10所示。

图1-9 劳保鞋

⑧耳罩。

在噪声级很高的场合停留时间过长,会导致听力下降或丧失。在经常有噪声的环境里,应该戴上耳罩或耳塞。耳罩如图1-11所示。

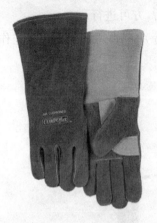

图1-10 焊接用皮手套

图1-11 耳罩

3. 工具设备安全操作

(1)手动工具。

①使用工具的人员,必须熟知工具的性能、特点、使用方法、保管和维修保养方法。

②工作前必须对工具进行检查,严禁使用腐蚀、变形、松动、有故障、破损等不合格工具。

③带有牙口、刃口尖锐的工具及转动部分应有防护装置。

④使用特殊工具时,应有相应安全措施。

⑤小型工具放在工具袋中妥善保管。

(2)动力工具的安全操作。

①使用电动工具时,应有必要的、合格的绝缘用品,在潮湿地带或金属容器内使用电动工具,必须有相应的绝缘措施,并有专人监护。电动工具的开关应设在监护人便于观察、便于操作的地方。

②使用砂轮机前应检查砂轮有无损伤、裂纹,然后进行空转试验,无问题时方可使用。由于砂轮机转数高且有一定重量,所以稳定性较差,打磨时与物件接触点要求比较严格,在使用时,操作者精力要集中,需戴防护眼镜;磨削时应避免撞击,应用砂轮正面磨削,禁止使用砂轮侧面,防止砂轮破碎伤人。安装砂轮时,砂轮与两侧板之间应加柔软垫片,严禁猛击螺母。使用砂轮机时操作人员应站在侧面,不得两人同时使用一个砂轮,砂轮片有效半径磨损达2/3时必须更换。

(3)气动工具。

①使用气动工具,气源应装气水分离器,以免混浊空气进入,磨损机件。

②供气的软管应进行吹洗,不得对人,与套口连接应牢固。

③气管不得变成锐角,遭受挤压或受到损坏时,应立即停止使用。

④气动工具使用过程中,沿气管方向不得站人,以防风管脱口伤人。

⑤更换工具附件,须待气体全部排出,压力下降后,方可进行。

⑥使用冲击性气动工具(风锤、风镐、风铲、风枪等)时,必须把工具置于工作状态后,方可通气。

⑦不准用压缩空气清洁衣物。

(4)汽车举升机。

汽车举升机如图1-12所示。

图1-12 汽车举升机

汽车举升机安全使用操作规程:

①使用前应清除举升机附近妨碍作业的器具及杂物,并检查操作手柄是否正常。

②操作机构灵敏有效,液压系统不允许有爬行现象。

③支车时,四个支角应在同一平面上,调整支角胶垫高度使其接触车辆底盘支撑部位。支车时,车辆不可支得过高,支起后四个托架要锁止。

④待举升车辆驶入后,应将举升机支撑块调整移动对正该车型规定的举升点。

⑤举升时人员应离开车辆,举升到需要高度时,必须插入保险锁销,并确保安全可靠才可开始车底作业。

⑥除保养及小修项目外,其他繁琐笨重作业,不得在举升机上操作修理。

⑦使用举升机时不得频繁起落,支车时举升要稳,降落要慢,有人正在作业时严禁升降举升机。

⑧如果发现操作机构不灵、电动机不同步、托架不平或液压部分漏油,应及时报修,不得带病操作。

⑨完成作业应清除杂物,打扫举升机周围以保持场地整洁。

⑩定期(半年)排除举升机油缸积水,并检查油量,油量不足应及时加注相同牌号的压力油。同时应检查润滑、举升机传动齿轮及链条。

二、评价与反馈

1. 自我评价及反馈

(1)能否主动参与工作现场的清洁和调整工作? ( )
    A. 主动完成   B. 被动完成   C. 未完成

(2)是否知道自己该从哪些方面去提高自身素质? ( )
    A. 知道   B. 知道部分   C. 不知道

(3)一名好的雇员不该具有的品行是哪一条? ( )
    A. 可靠   B. 有责任感   C. 善于奉承   D. 忠诚

(4)以下哪些被认为是软技能? ( )
    A. 愿意解决复杂问题   B. 乐于助人   C. 能够独立工作   D. 遵从命令和指导

(5)完成本学习任务后,你对常用工具是否能规范熟练地使用? ( )
    A. 规范熟练   B. 规范但不熟练   C. 不会使用

(6)你能知道工作场地的安全注意事项吗? ( )
    A. 知道   B. 知道部分   C. 不知道

(7)请列举维修厂产生的一些废弃物的处理方法。

_____

_____

_____

(8) 请另外用纸张拟订自己的职业规划。

签名:_____ ____年____月____日

2. 小组评价及反馈

(1) 工作页的填写情况如何? ( )

    A. 正确且书写认真 B. 正确但书写潦草 C. 有抄袭现象 D. 未完成

(2) 是否主动参与小组讨论? ( )

    A. 主动 B. 被动 C. 未参与

(3) 是否完成本学习任务的学习目标? ( )

    A. 完成且效果好 B. 完成但效果不好 C. 未完成

(4) 是否积极学习,对于不懂的知识是否积极向别人请教,是否积极帮助他人学习?

( )

    A. 积极学习 B. 积极请教 C. 积极帮助他人 D. 全部不积极

(5) 零件、工具与油污有没有落地,有无保持作业现场的整洁? ( )

    A. 无掉地且场地整洁 B. 有零件、工具掉地

    C. 有油污掉地 D. 未保持作业现场的清洁

(6) 在操作过程中是否注意消除安全隐患,在有安全隐患时是否提示其他同学? ( )

    A. 注意,提示 B. 不注意,未提示

参与评价的同学签名:_____ ____年____月____日

3. 教师评价及答复

_____

_____

_____

_____

_____

教师签名:_____ ____年____月____日

学习任务二　汽车钣金维修基本工具

任务要求

完成本学习任务后,你应该:

1. 熟悉常用的钣金修理工具和设备的性能、用途;
2. 正确识别车身维修常用的工具,掌握其安全正确的使用方法。

建议学时:6 学时

　任务描述

汽车钣金车身修复过程中需要大量手工操作,因此正确使用钣金维修工具就显得非常重要。汽车车身钣金修理工具包括一些普通金属加工工具及专用于汽车车身修理的专用工具。

一、理论知识准备

1. 汽车钣金修复手动工具

汽车钣金维修作业的手动工具包括扳手、旋具、钳子等通用工具,它们可用于拆卸零件、翼子板、车门和总成;汽车钣金维修作业的手动工具还包括车身修复的专用工具,如钣金锤、顶铁、撬棍、匙形铁等。

(1)钣金锤。

①球头锤。

球头锤是一种对所有钣金作业都可使用的多用途工具,它用于校正弯曲的基础构件、修平部件和钣金件粗成形阶段。球头锤的质量应在290~450g之间。球头锤如图2-1所示。

②铁锤。

铁锤用于修整较厚的钣金件,使之大致回到原形。铁锤手柄较短,适用于空间较小的钣金作业。铁锤如图2-2所示。

③橡胶锤。

用橡胶锤轻轻地锤击不会损坏漆面。橡胶锤主要用于修整表面微小凹陷,而不损坏表面的光泽。它经常与吸盘配合用于"塌陷型"的凹陷上,当用吸盘将凹陷拉上来时,用橡胶锤围绕着高点进行圆周轻轻敲打,使高点落下及较低部位弹回到原来平面。橡胶锤如图2-3所示。

图2-1 球头锤　　　图2-2 铁锤　　　图2-3 橡胶锤

④镐锤。

镐锤又叫"尖嘴锤"、"鹤嘴锤",一端锤头细长、呈鹤嘴状,是专门维修小凹陷用的工具,它的尖顶用于将凹陷敲出,其平端头与顶铁配合作业可以去除微小的凸点和波纹。镐锤如图2-4所示。

⑤重头锤。

重头锤也叫冲击锤,它一头为圆形,另一头为方形。这种锤顶面大,打击力分布在较大的面积上,用于需要较大的力量而不要求光洁表面凹陷板面的初步校正或内部板件和加强部位的加工。重头锤如图2-5所示。

图2-4 镐锤　　　图2-5 重头锤

⑥收缩锤。

带有锯齿面或交错缝槽面的精修锤叫做收缩锤。它适用于表面收缩作业,以修整被过度捶打而产生的延伸变形。收缩锤如图2-6所示。

⑦木锤。

木锤即轻质木质锤头,在外板整平时可有效抑制金属延展。木锤如图2-7所示。

(2)顶铁。

顶铁也称为垫铁或衬铁,是一种手持的铁砧,由高强度钢制成,通常与钣金锤配合进行钣金修理作业。

①顶铁的种类。

常用的顶铁有通用顶铁、足跟形顶铁、足尖形顶铁、楔形顶铁等。各种形状的顶铁适用于车身表面特定形状的凹陷或外形的修整。各种顶铁如图2-8所示。

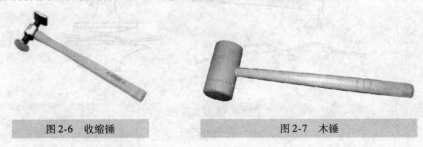

图2-6 收缩锤　　　　　图2-7 木锤

楔形顶铁[见图2-8a)],用来在柱杆顶部和宽的挡泥板凸缘上生成拱起,也可以用来加工于支架或其他车身内部构件形成一个封闭结构的板件,还可以在柱杆顶部粗加工出一些小的凹痕,特别是在顶盖梁和横杆的后部,以及在车身其他地方生成皱褶等。

通用顶铁也叫万能顶铁[见图2-8b)],可以用来粗加工挡泥板的拱起部位和车身相同形状的表面,校正挡泥板凸缘、装饰条和轮缘、修正焊接区。

足尖形顶铁[见图2-8c)],是一种组合平面顶铁,用来收缩车门板、挡泥板裙板、柱杆顶部和汽车各种盖板,也可以用来在挡泥板的底部形成卷边和凸缘,该顶铁的一个面非常平而另外一面微微拱起,特别适合于加工还没有精加工的金属板件。

足跟形顶铁[见图2-8d)],用来在板件上形成较大形状的凸起,校直高拱起或低拱起的金属板、长形结构件和平面板件。

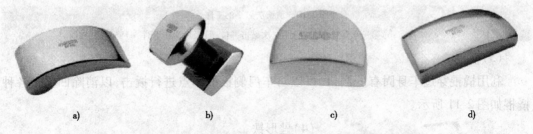

a)　　　　　b)　　　　　c)　　　　　d)

图2-8 各种顶铁

a)楔形顶铁；b)通用顶铁；c)足尖形顶铁；d)足跟形顶铁

②正托和偏托。

用顶铁法修理板件时可分为正托和偏托两种方式。

偏托是指直接用顶铁抵住最大凹陷处,使用木锤或尼龙锤敲击凹陷周围产生的隆起变形,即"深入浅出"地敲凹凸变形。用偏托修整平面,一般不会造成板件伸展,因为顶铁击打的是板料正面的凹处,而锤子击打的则是板料正面的鼓凸部位,如图2-9a)所示。

当局部凹凸变形被修平至一定程度时,应改用正托进一步敲平。正托是指将顶铁直接顶在板料背面不平的位置上,同时用锤子在顶铁位置正面敲平。由于锤子的敲击作用会使顶铁发生轻度回弹，在锤子敲击的同时顶铁也将同时击打板料，所以顶铁垫靠得越紧，展平效果越好，如图2-9b）所示。

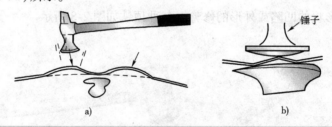

图2-9 顶铁法修整
a）偏托；b）正托

顶铁法敲平的工序如图2-10所示，所用顶铁的端面形状与被修板件形状必须吻合。

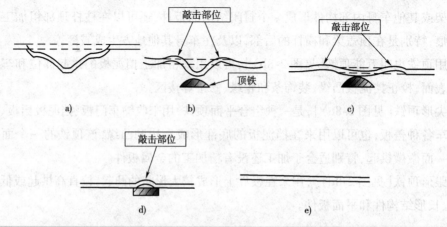

图2-10 顶铁法敲平的工序
a）修复前；b）第一次敲击部位；c）第二次敲击部位；d）最后敲击部件；e）修复后

（3）撬棍。

利用撬棍穿过车身固有的洞口，可以对车门侧板的凹点进行撬击，以消除凹陷。各种撬棍如图2-11所示。

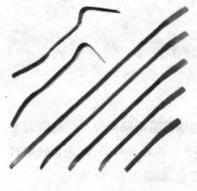

图2-11 各种撬棍

（4）匙形铁。

匙形铁是车身维修的特殊工具，主要用于抛光金属表面，所以也叫修平刀。匙形铁有很多种形状和尺寸，可以满足各种不同形状车身板件维修的需要，它的工作面一般有平面形、弧形和双钩形3种。各种匙形铁如图2-12所示。

将匙形铁紧贴待修表面，再锤击匙形铁，对表面某些微小隆起、划伤部位恢复原状特别有效，如图2-13所示。

不同的匙形铁可与不同的面板形状匹配使用。当面板背面的空间有限时，匙形铁也可当作顶铁使用，如图2-14所示。

学习任务二 汽车钣金维修基本工具

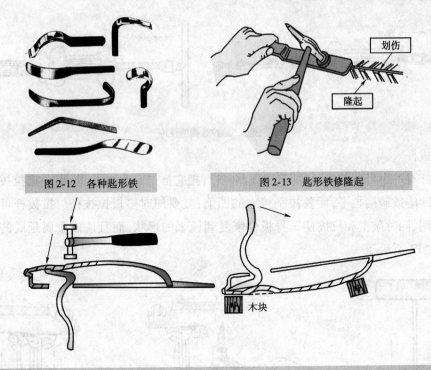

图2-12 各种匙形铁　　　图2-13 匙形铁修隆起

图2-14 匙形铁作顶铁和撬棍使用

(5) 车身锉刀。

金属精加工或最终维修时常用到车身锉刀。在变形板件经过敲击或拉回等粗加工后,锉削可以显露出板件上任何需要再加以处理的高点和凹点,也可以在精加工去除板件面上所有的凹、凸点后,最后磨光金属板面。经锉刀加工后,再用打磨机打磨,就可以完成金属精加工的全部工作。车身锉刀如图2-15所示。

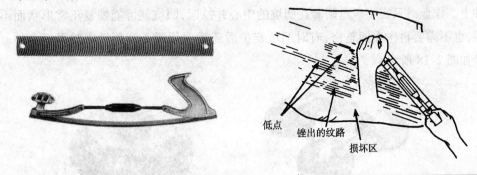

图2-15 车身锉刀

(6) 凹陷拉拔工具。

①凹陷拉拔器。

凹陷拉拔器,通常带一个螺纹尖头和一个勾尖,一般情况下要求在皱褶处钻出或冲出一个或多个孔。拉拔时将螺纹尖头拧入所钻孔,用滑锤轻轻敲打手柄,慢慢把凹陷拉平,如图2-16所示。

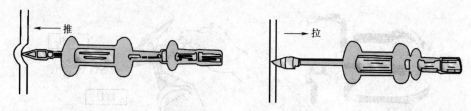

图 2-16　凹隐拉拔器的使用

②拉拔杆。

拉拔杆有一个弯曲的头,同凹陷拉拔器一样,把它插进钻出的孔里,用一根拉拔杆即可把较小的凹陷或皱褶拉平,而要拉平较大的凹陷,就要同时多根拉拔杆。拉拔杆可与钣金锤一起使用,同时敲击和拉拔使车身板件恢复到原来的形状,而且造成金属延展的危险较小,如图 2-17 所示。

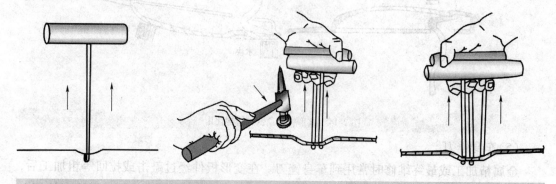

图 2-17　拉拔杆

③真空吸盘。

真空吸盘是一种简单工具,它可以迅速拉起较浅的凹坑,只要凹坑不是处在皱褶的钣金件上。作业时只需将吸盘附着在凹坑的中心并拉起,凹坑就可能恢复正常形状而不损伤油漆,也不需要再作表面整修,有时凹坑定位后还需要用锤子和顶铁来整平钣金件。真空吸盘如图 2-18 所示。

图 2-18　真空吸盘

(7)金属切割和锯割工具。

①铁皮剪。

用来剪切薄钢板的剪刀称为铁皮剪。它可用来裁剪钢板至任意形状,如图 2-19 所示。

② 手工锯。

目前钣金件修理中多使用可调式锯弓,锯弓可分为两段,前段可在后段中伸出或缩入,可安装不同长度的锯条,通常为 200mm、250mm、300mm 三种规格的锯条。手工锯如图 2-20 所示。

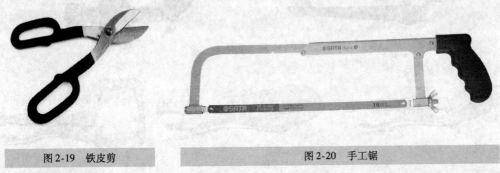

图 2-19　铁皮剪　　　　　　　　图 2-20　手工锯

(8) 铆枪。

铆接是车身修理作业不可缺少的工艺。用弹射铆钉枪进行铆接是十分方便的。图 2-21 所示为电动抽芯铆枪。

图 2-22 所示为铆接过程示意图。先将铆钉组件插入被连接件的通孔中,用铆枪将外伸之铆钉杆拉断,铆接即告成功。

图 2-21　电动抽芯铆枪　　　　　　图 2-22　铆接过程示意图

(9) 装饰拆卸工具。

图 2-23 所示为装饰件及连接件拆卸专用工具。尖叉形状的撬起工具可以撬起装潢小钉、弹簧、夹子和其他装饰固定性。

(10) 夹具。

在钣金维修中对板件折边、焊接等工作,需用到各种夹具,如大力钳、C 形夹具等,如图 2-24 所示。特别是大力钳,也叫虎钳扳手,它可以非常迅速地夹持钣金件,有

图 2-23　装饰件及连接件拆卸专用工具

15

许多种形式可选择使用。

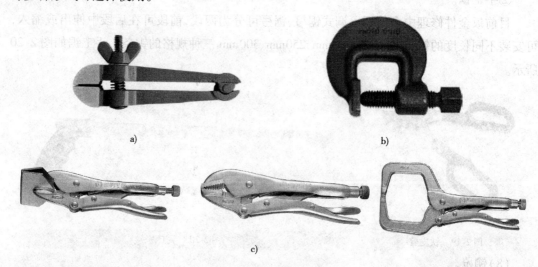

图 2-24 各种夹具
a)手虎钳；b)C 形钳；c)各种大力钳

2. 汽车钣金修复动力工具

(1) 气动工具。

气动工具是汽车维修行业中应用最为广泛的工具。

①气动扳手。

气动扳手包括一般气动扳手和气动棘轮扳手，如图 2-25 所示。气动棘轮扳手的特点是扳手向一个方向旋转，依靠棘爪作用，带动螺母旋转；反方向旋转时，棘爪空套不起作用，此时螺母不会旋转。只有调节正反方向杠杆才能改变螺母旋转方向。

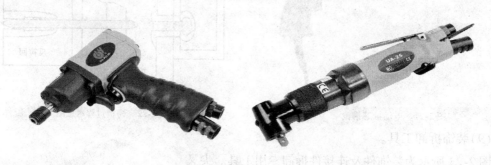

图 2-25 气动扳手

②气动钻。

气动钻使用压缩空气作动力，驱动气动马达旋转达到钻孔的目的。气动钻包括专门用于钻除电阻点焊焊点的点焊去除钻，如图 2-26 所示。

③气动打磨机。

气动打磨机一般用于金属磨削和腻子层的打磨等工作。气动打磨机有盘式打磨机、轨道式打磨机和砂带机,如图 2-27 所示。

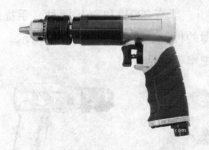

图 2-26　气动钻

a)

b)

c)

图 2-27　气动打磨机

a)盘式打磨机;b)轨道式打磨机;c)砂带机

④气动锯和气动剪。

气动锯和气动剪(图 2-28、图 2-29)两者都用于切割板件。

⑤气动砂轮。

气动砂轮(图 2-30)用于粗磨金属表面或者切割板件。

图 2-28　气动锯　　　　图 2-29　气动剪　　　　图 2-30　气动砂轮

⑥气动锉。

气动锉(图 2-31)用于精加工车身板件切割后要对接的位置。

⑦气动錾。

气动錾(图 2-32)也叫气动凿,用于分离、切割钣金件和其他工件。

⑧气动打孔机。

气动打孔机(图 2-33)用于在车身钣金件更换时,在新板件上打塞焊孔。

(2)电动工具。

当各种气动工具以电动机为动力时,便形成了电动工具。汽车钣金维修中最常用的电动工具有手电钻、手提砂轮机、台钻、台式砂轮机、电动清洗机、热风枪和圆盘抛光机。

① 手电钻。

手电钻是以电为动力的手持式钻孔工具,电源电压一般有 220V 和 36V 两种。手提式手电钻可钻较厚的金属板料,而手枪式手电钻常钻较薄的板料。手电钻如图 2-34 所示。使用手电钻时,应注意用电安全,同时在钻孔过程中,应把牢手电钻。

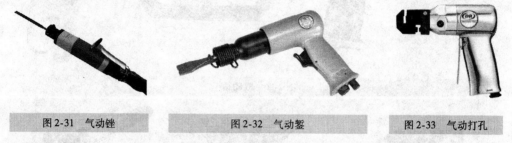

图 2-31 气动锉　　图 2-32 气动錾　　图 2-33 气动打孔

② 砂轮机。

砂轮机,指固定在工作位置上的电动打磨设备,如图 2-35 所示。砂轮轴两端可以安装不同的砂轮,用于打磨刀具、产品毛刺等作业。

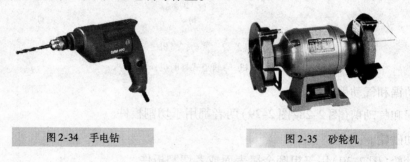

图 2-34 手电钻　　图 2-35 砂轮机

二、实践操作

1. 实践准备条件

干净抹布,工作台,各种钣金锤,板件,气动打磨机,打磨机气动盘拆装专用工具,安全防护用品。

2. 技术要求与注意事项

(1) 握锤时锤柄下面的食指和中指应适当放松,小指和无名指应相对紧一些,使之形成一个比较灵活的转轴。

(2) 锤击作业时关键在于落点的选择,一般应遵循"先大后小、先强后弱"的原则,从变形较大处顺序敲打,保证锤头以平面落在金属表面上。同时还要注意钣金件的结构强度,有序排列钣金锤的落点。

(3) 使用旋转设备时禁止佩戴手套操作。

3. 钣金锤的操作实训

钣金锤的正确操作如图 2-36 所示。

步骤1：用手轻松握住钣金锤手柄的端部（相当于手柄全长的1/4处位置）。

说明：握锤时锤柄下面的食指和中指应适当放松，小指和无名指应相对紧一些，使之形成一个比较灵活的转轴。

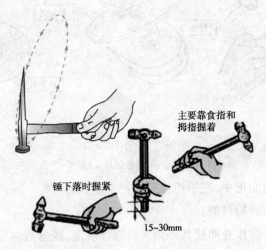

图2-36　钣金锤的使用方法

步骤2：捶击工作时，眼睛注视工件，找准捶击落点。

说明：捶击作业质量的关键在于落点的选择，一般应遵循"先大后小、先强后弱"的原则，从变形较大处起顺序敲打，保证锤头以平面落在金属表面上，如图2-37所示。同时还要注意钣金件的结构强度，有序排列钣金锤的落点。

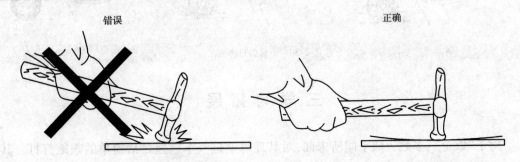

图2-37　以锤头平面敲击板件

步骤3：用手腕摇动的方法轻轻敲击车身构件表面，并利用钣金锤敲击零件时产生的回弹力作圆周运动。

4. 气动盘式打磨机使用

正确的气动打磨机打磨方法，应使砂轮片的1/3表面与被加工表面接触，此时其研磨效果最好。因为砂轮片与研磨面接触角度过大时，砂轮片仅有小部分与金属板发生强力研削，将留下粗糙的加工面；当砂轮片与研磨面平行接触时，又会因研磨阻力大而造成动作不稳，将留下凹凸不平的加工面。

步骤1：安装砂轮片，砂轮片的正确安装如图2-38所示。

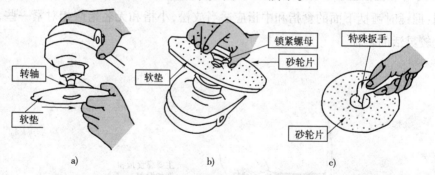

图2-38 砂轮片的安装
a)装软垫；b)装砂轮片；c)紧固

步骤2：右手抓住前面把手，左手抓住后面把手，启动开关。

步骤3：在金属表面开始打磨。

步骤4：砂轮片经研磨作业而使其外侧磨料逐渐脱落，脱落后可采用适当方法去除外侧磨损部分，减小砂轮片的尺寸后继续使用。此外，在研磨小的凹坑或带孔部位时，可使砂轮片沿八角形轨迹运动，正确操作方法如图2-39所示。

图2-39 正确的打磨方法

三、学习拓展

对于"钣金"，多数人似乎闻所未闻，对其理解就是汽车碰撞之后简单的敲敲打打。其实，汽车钣金技术是汽车维修技术的重要组成部分，它不仅能修复汽车车身外观，而且对车辆保持良好的技术状况将产生较大的影响。

长期以来，汽车钣金技术尚未引起行业的高度重视，人们对汽车钣金技术的认识仍停留在传统的"敲补"观念上。一把大锤、一把手钳、几只螺丝刀就可以开个修理铺赚钱。对于车辆技术状况影响较大的车架修复仍沿袭着较为简单的绳索或皮尺等测量技术，甚至目测了之。

随着汽车行业的发展，特别是汽车保有量与日俱增，私家车、高档车越来越多，车主对车辆外形、外观的要求也越来越高，这也对汽车维修中钣金维修工提出了更高的要求。汽车钣金在汽车维修产值中占据着越来越大的份额。

在维修技术专业化的今天,钣金技术工人接到需要维修的车辆后,不能再像以往一样仅凭经验和眼睛来判断事故,而需要依靠专业的检测仪器进行检测;也不能仅凭借经验进行维修,而需要严格按照技术数据进行维修。事实证明,只有依靠专业的设备才能准确地检测出事故车辆的故障所在,才不会误断;也只有依靠专业的设备才能准确地对事故车辆进行修复,达到技术要求。

目前,有的汽车修理厂花巨资购买了车辆碰撞维修设备,但是使用率并不高,这是由于维修师傅没有专业的态度,认为小的碰撞没有伤及汽车骨架不值得上线检测而造成的。

四、评价与反馈

1. 自我评价及反馈

(1)能否主动参与工作现场的清洁和调整工作? （　　）
  A. 主动完成　　　　B. 被动完成　　　　C. 未完成

(2)完成本学习任务后,你记住了多少钣金工具? （　　）
  A. 记住了20%　　　B. 记住了50%　　　C. 记住了80%及以上

(3)你能否正确规范使用所学的钣金工具? （　　）
  A. 能　　　　　　　B. 不能　　　　　　C. 可以在老师的提醒下完成

(4)写出如何正确地使用钣金锤。
_____
_____
_____

(5)写出气动打磨机的正确打磨方法。
_____
_____
_____

(6)下次遇到类似的学习任务应如何改善,从而提高学习效果?
_____
_____

_____
_____

签名：_____　_____年_____月_____日

2. 小组评价及反馈

（1）工作页的填写情况如何？　　　　　　　　　　　　　　　　　　　（　）
　　A. 正确且书写认真　　　　　　　B. 正确但书写潦草
　　C. 有抄袭现象　　　　　　　　　D. 未完成

（2）是否主动参与小组讨论？　　　　　　　　　　　　　　　　　　　（　）
　　A. 主动　　　　　B. 被动　　　　　C. 未参与

（3）是否完成本学习任务的学习目标？　　　　　　　　　　　　　　　（　）
　　A. 完成且效果好　　B. 完成但效果不好　　C. 未完成

（4）是否积极学习？对于不懂的知识是否积极向别人请教？是否积极帮助他人学习？
　　　　　　　　　　　　　　　　　　　　　　　　　　　　　　　　（　）
　　A. 积极学习　　　　　　　　　　B. 积极请教
　　C. 积极帮助他人　　　　　　　　D. 全部不积极

（5）零件、工具与油污有没有落地？有无保持作业现场的整洁？　　　　（　）
　　A. 无掉地且场地整洁　　　　　　B. 有零件、工具掉地
　　C. 有油污掉地　　　　　　　　　D. 未保持作业现场的清洁

（6）实施过程中是否注意维修质量和有责任心？　　　　　　　　　　　（　）
　　A. 注意质量，有责任心　　　　　B. 不注意质量，有责任心
　　C. 注意质量，无责任心　　　　　D. 全无

　　　　　　参与评价的同学签名：_____　_____年_____月_____日

3. 教师评价及答复

_____
_____
_____
_____
_____
_____
_____
_____

　　　　　　　　　　　　　　教师签名：_____　_____年_____月_____日

五、技能考核标准

序号	项目	操作内容	规定分值	评分标准	得分
1	准备	清点工具、清理工位	5分	酌情扣分	
2	钣金锤的使用	手握钣金锤的1/4处；	8分	操作不当扣1~8分	
		手握手柄的方法；	5分	操作不当扣1~5分	
		锤击时眼睛注视工件；	5分	操作不当扣1~5分	
		敲准落点；	5分	操作不当扣1~5分	
		敲击遵循"先大后小、先强后弱"的原则；	8分	操作不当扣1~8分	
		保证锤头平面落在金属表面上；	5分	操作不当扣1~5分	
		有序地排列钣金锤的落点；	5分	操作不当扣1~5分	
		使用手腕摇动来带动钣金锤；	5分	操作不当扣1~5分	
		钣金锤在敲击时是利用产生的回弹力作圆周运动	7分	操作不当扣1~7分	
3	打磨机的使用	正确安装砂轮片；	8分	操作不当扣1~8分	
		正确地使用砂轮机；	5分	操作不当扣1~5分	
		使用1/3的砂片与被加工面接触；	8分	操作不当扣1~8分	
		打磨小凹坑或带孔部位时，要使砂轮沿八角形轨迹运动	6分	操作不当扣1~6分	
4	安全文明	无安全隐患，无不文明操作	5分	未达标扣1~5分	
5	5S情况	工具清洁与归位；	5分	漏一项扣1~5分	
		工作场地的清洁	5分	不彻底扣1~5分	
		总 分	100分		

学习任务三　汽车车身板件的拆装与调整

> **任务要求**
> 完成本学习任务后,你应该:
> 1. 了解汽车车身的基本结构;
> 2. 掌握车身部件的组成;
> 3. 熟练使用工具对车身板件进行拆装。
>
> **建议学时:8 学时**

任务描述

某 4S 店接收了一辆事故车。该车前部及车门经碰撞后皆已变形,现需要对变形的板件进行修复。在修复之前须先拆卸车身板件,修复完成后,再将车身板件安装在车身上。为保证车身板件位置正确,还应对板件进行调整。

一、理论知识准备

1. 车身结构

车身壳体是一切车身部件的安装基础,通常指纵、横梁和立柱等主要承力元件以及与它们连接的板件共同组成的刚性空间结构。车身壳体通常还包括在其上铺设的隔声、隔热、防振、防腐、密封等材料及涂层。车身结构按受力情况可分为:非承载式车身和承载式车身。

（1）非承载式车身。

非承载式车身又称有车架式车身,车架是安装汽车各个总成和承受各种载荷的基体。其特点是车身与车架通过弹性元件连接,汽车车身仅承受本身的重力及轿车行驶时所引起的惯性力和空气阻力。而发动机、底盘各部件的重力及这些部件工作时的作用力,以及汽车行驶时道路对汽车的外加载荷等都由车架承受,如图 3-1 所示。

车架式车身中车架是车身的基础,它是一个高强度、独立的构架部件,车身和发动机、变速器、悬架、转向总成固定在车架上,要求车架有足够的刚性,在发生碰撞时能保持汽车其他部件的正常位置,如图3-2所示。

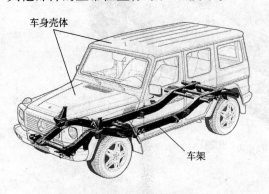 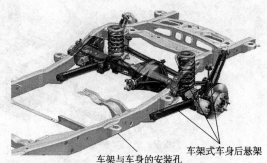

图3-1　非承载式车身结构示意图　　　　图3-2　非承载式车身后悬架安装示意图

车身通常用螺栓固定在车架上,为减少乘坐室内的噪声和振动,车身与车架之间除放置特种橡胶块外,还安装了减振器,将振动、噪声降至最小。

现代汽车高强度钢车架的纵梁截面,通常是U形槽截面或箱型截面,用来加强车架,碰撞时能吸收大量的能量。为了便于汽车转弯并为汽车提供较好的支撑,车架都做成前窄后宽的形状,如图3-3所示。

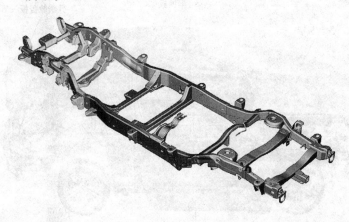

图3-3　非承载式车身的框式车架

(2)承载式车身。

承载式车身也称无车架式车身。承载式车身取消了车架,全部载荷由车身承受,底盘各部件直接与车身相连,这种形式的车身,由于承载部位的不同又分为底架承载式和整体承载式两种:前者底架部分强度较大,承受大部分载荷;后者则是整个车身形成一个参与承载的整体。承载式车身的制造是将薄钢板压制成形状各异的板件,然后再焊接(因为有些车不是点焊)成一个整体。轿车多采用这种结构,如图3-4所示。

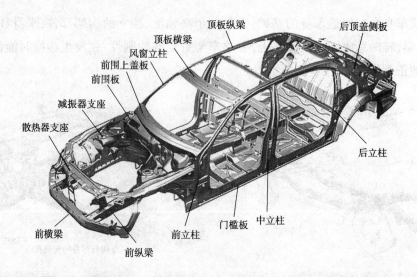

图3-4 承载式车身结构

承载式车身由于无车架,可以减轻整车质量,并使地板高度降低,使上、下车方便。车身刚性较大,冲击能量可以向整个车身分散;碰撞程度相同时,车身损坏更复杂,修复前要做好彻底的损坏分析。车身变形后,需要采用特殊程序来恢复原来的形状。承载式车身的外部板件如图3-5所示。

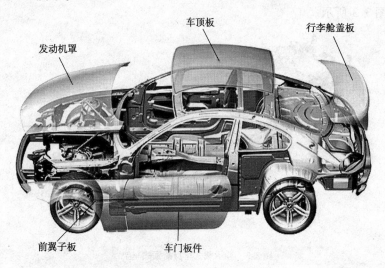

图3-5 承载式车身的外部板件

承载式车身的覆盖件是覆盖在车身表面的部件。从车外看到的部分都属于覆盖件,例如车门、车顶、翼子板等。它们通常起到美观和遮风挡雨的作用,一般都用厚度不超过1mm的钢板冲压而成。我们平时所说的某辆车钢板的薄厚就是指这些部位。实际上这些部位对于车身强度的影响很有限,所以我们已经不能从车身覆盖件材料的薄厚来判断一辆车的碰撞安全性了。当然,较厚的钢板在抵御轻度刮蹭方面还是要更强一些。

2. 轿车车身结构

通常将三厢式车身壳体按强度等级分为三段,如图3-6所示。图中A、B、C分别代表车身前部、中部与后部。在车身设计时,尽可能使乘客室具有最大的刚度,而相对于乘客室的前、后室则应具有较大的韧性。

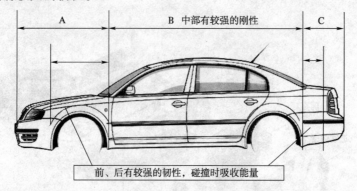

图3-6 车身壳体的分段

（1）前车身。

前车身主要由前翼子板、前纵梁、前围板及发动机罩、前轮罩（又称翼子板内板）、发动机安装支撑架（副车架、元宝梁）以及保险杠等构件组成。大多数轿车的前部装有前悬架及转向装置和发动机总成,如图3-7所示。

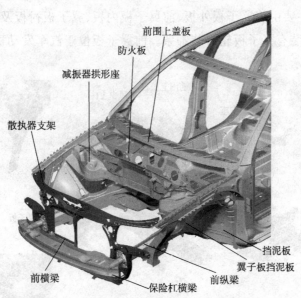

图3-7 车身前部结构件

①前保险杠。

前保险杠位于车辆的最前端,是车身外部装饰体,主要部件一般由非金属面罩与金属加强筋相连而成,起到装饰、防护作用,应用于所有车辆车身。目前轿车的前后保险杠都采用塑料，塑料保险杠是由外板、缓冲材料和横梁三部分组成。其中外板和缓冲材料用塑料制成，横梁用厚度为1.5mm左右的冷轧薄板冲压而成U形槽；外板和缓冲材料附着在横梁上，横梁与车架纵梁用螺栓连接，可以随时拆卸。这种塑料保险杠使用的塑料，大都使用聚酯系和聚丙烯系两种材料，采用注射成型法制成。图3-8所示为奥迪A6前保险杠。

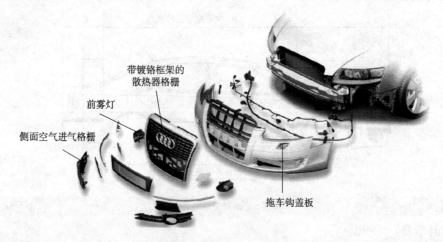

图3-8　奥迪A6前保险杠

②前翼子板。

翼子板是遮盖车轮的车身外板，因在旧式车身上该部件形状及位置似鸟翼而得名。普通轿车的前翼子板主要由前翼子板外板、前翼子板内板、翼子板衬板及翼子板防擦装饰条等组成，部分轿车还装有翼子板轮口装饰条。前翼子板位于汽车发动机罩左右侧下部，前轮上部，如图3-9所示。

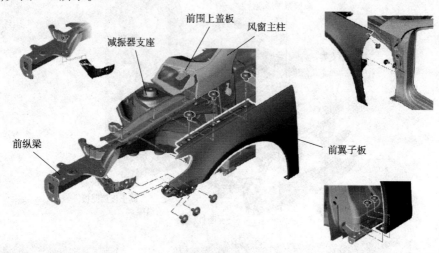

图3-9　前翼子板的组成及安装位置

翼子板是车身重要装饰件，主要部件一般采用薄钢板冲压制造，作用是在汽车行驶过程中，防止被车轮卷起的砂石、泥浆溅到车厢的底部。前翼子板碰撞机会较多，独立装配容易整件更换。有些车的前翼子板使用有一定弹性的塑性材料（例如塑料）做成。塑性材料具有缓冲性，比较安全。

③发动机罩。

发动机罩位于车辆前上部，是发动机舱的维护盖板。轿车的发动机罩主要由发动机罩、发动机罩隔热垫、发动机罩铰链、发动机罩支撑杆、发动机罩锁、发动机罩锁开启拉索、发动机罩密封条等零件组成。发动机罩多采用高强度钢板冲压成网状骨架和蒙皮组焊而成，多数轿车还在夹层之间使用点焊胶，使之确保刚度并形成良好的消声胶层。发动机罩结构如图 3-10 所示。

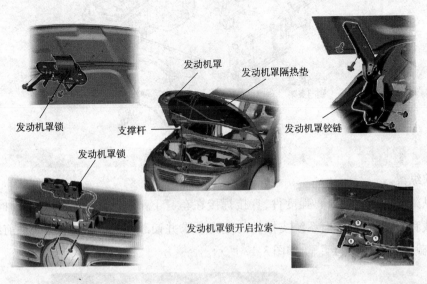

图 3-10　发动机罩结构示意图

发动机罩开启时一般是向后翻转，向后翻转的发动机罩打开至预定角度，不应与前风窗玻璃接触，应有一个约为 10mm 的最小间距。为防止在行驶中由于振动自行开启，发动机罩前端要有保险锁钩锁止装置，锁止装置开关设置在车厢仪表板下面，当车门锁住时发动机盖也应同时锁住。

④前围板。

前围板是指发动机舱与车厢之间的主要隔离构件，它和地板、前立柱连接，安装在前围上盖板之下。前围板上有许多孔口，作为操纵用的拉线、拉杆、管路和电线束通过之用，还要配合踏板、转向杆等机件安装位置，如图 3-11 所示。为防止发动机舱里的废气、高温、噪声窜入车厢，前围板上还要有密封措施和隔热装置。在发生事故时，它应具有足够的强度和刚度。对比车身其他部件而言，前围板装配最重要的工艺技术是密封和隔热，具体就是隔热、隔音和隔振，它的优劣往往反映了车辆运行的质量，对轿车的舒适性有非常重要的影响。

前围板的两端与车身壳体前立柱和前纵梁组焊成一体，使整体刚性更好。由于前围板的后部构造还起横向加固壳体的作用,一般采用双重式结构。靠近发动机室一侧主要起辅助加强作用,靠近乘客一侧用高强度钢板冲压成型,并于两侧涂有沥青、毛毡、胶棉等绝缘材料,以求乘客室振动小、噪声低、热影响小。

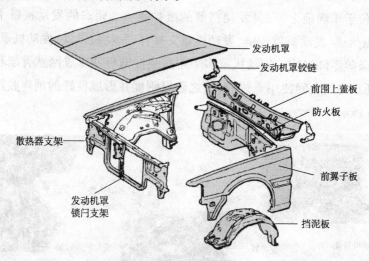

图3-11　汽车前围板(防火板)

⑤前纵梁。

前纵梁是前车身的主要强度件,直接焊接在车身下部。其上再焊接轮罩等构件,为了满足承载和对前悬架、转向系统支撑力的受力要求并使载荷分布均匀,前纵梁前细后粗截面不等,截面变化也较为明显,如图3-12所示。

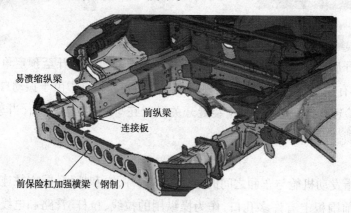

图3-12　汽车前纵梁

(2)中间车身。

中间车身设有车门、侧体门框、门槛及沿周采用高强度钢制成的抗弯曲能力较高的箱形断面,中间车身侧体框架的中立柱、边框、车顶边梁、侧体下边梁等结构件也采用封闭型断面结构。车顶、车底和立柱等构件,均以焊接方式组合在一起。立柱、门槛板、车顶纵梁、车顶板和地板等共同构成乘客室。中间车身结构如图3-13所示。

学习任务三　汽车车身板件的拆装与调整

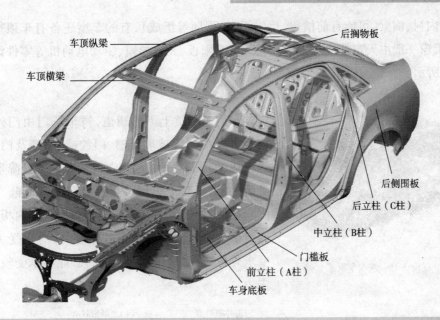

图3-13　中间车身结构

①立柱和门槛板。

立柱是构成车身侧框架的钣金结构件,是车身非常重要的支撑件,用来固定车门、支撑顶棚、固附车身蒙皮等。一般下部做的粗大,上部的截面尺寸需要考虑驾驶视野而缩小。立柱包括前立柱(A柱)、中立柱(B柱)与后立柱(C柱)三种,如图3-14所示。

②地板。

地板是车辆用来承载乘客、货物的基础件,是车身非常重要的钣金件。几乎所有的车辆组件都直接或间接地安装在地板上;座椅直接安装在地板上;仪表台通过仪表台框架安装在地板上。所以,当车辆发生变形损坏时,地板基本上是采用钣金修复。汽车车身地板如图3-15所示。

图3-14　立柱和门槛板

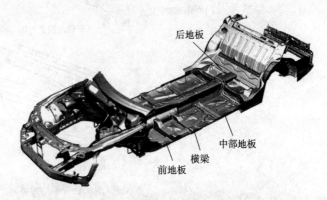

图3-15　汽车车身地板

③车顶。

车顶是指车厢顶部的盖板,其上可能装备有天窗、换气窗或天线等。车顶主要由车顶板、车顶内衬、横梁（可能有前横梁、后横梁、加强肋等组成），有的车型还备有车顶行李架。电动式天窗一般由天窗框架、天窗玻璃、天窗遮阳板、天窗导轨、驱动电动机等零件组成，如图 3-16 所示。

④ 车门。

车门是乘员上下的通道，轿车车门由门外板、门内板、门窗框、门玻璃导槽、门铰链、门锁及门窗附件等组成，如图 3-17 所示。内板装有玻璃升降器、门锁等附件，为了装配牢固，内板局部还要加强。为了增强安全性，外板内侧一般安装了防撞杆。内板与外板通过翻边、粘合、滚焊等方式结合，针对承受力不同，要求外板质量轻而内板刚性要强，能够承受较大的冲击力。

图 3-16　汽车车顶

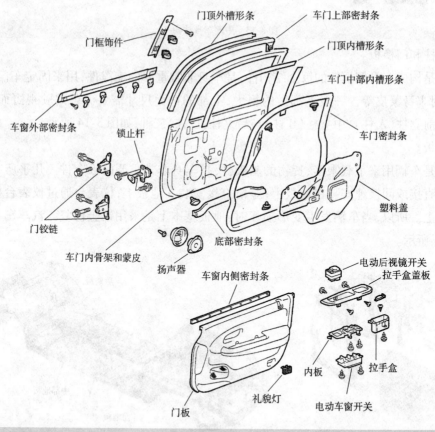

图 3-17　车门组成

车门铰链是由铰链座和铰链轴组成。它应当转动灵活，不滞涩，不会发出杂音，在汽车期望使用寿命内，应能保持其功能。车门的开启角度以 75°为基础，且不应当与车身有任何干涉。

车门要求密封性好、防尘、防水、隔音。除了车门与车身之间尺寸配合要合理外,重要的还有镶嵌或粘贴在车框与车门上的密封条。密封条是一种截面呈中空形状的橡胶制品,它的柔软性使得它具有填塞间隙大小不一空间的作用,当间隙大时对密封条挤压小,当间隙小时对密封条挤压大。密封条的质量直接影响车门的密封性。

从开关车门,可以大致判断出车门的质量。一个质量比较好的车门,它使用的材料、制作工艺是有严格要求的,反映到使用上,就是有沉甸感、厚实感。关闭车门时有一种低沉的"嘭"声发出来,好像车厢里的空气被压缩似的。如果车门比较单薄,则有一种轻盈感,关闭时会发出清脆的"嘭"声,与前一种明显不一样。

(3)后车身。

轿车后车身是用于放置物品的部分,是中间车身侧体的延长部分。三厢车的乘客室与行李舱是分开的,而两厢车的行李舱则与乘客室合二为一。

①行李舱和行李舱盖。

行李舱是装载物品的空间,是由行李舱组件与车身地板钣金件构成。行李舱位于轿车车身的后部,因此又俗称为后备箱。

行李舱盖要求有良好的刚性,结构上基本与发动机盖相同,也有外板和内板,内板有加强筋。

行李舱和行李舱盖如图 3-18 所示。

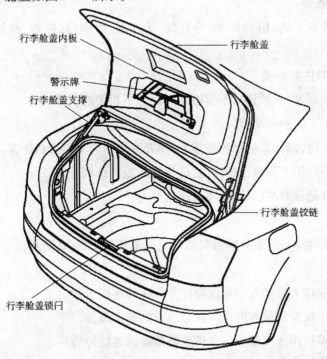

图 3-18 行李舱和行李舱盖

②后侧板和后保险杠。

后侧板是指后门框以后的遮盖后车轮及后侧车身的车身钣金件；后保险杠位于车身的尾部，起到装饰、防护车辆后部零件的作用，如图3-19所示。

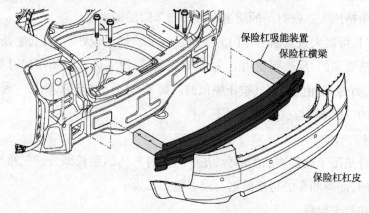

图3-19 后侧板和后保险杠

二、实践操作

1. 实践准备条件

整车一台、基本工具、扭力扳手、举升机、千斤顶、照明灯、抹布、机油、纸板、个人防护用品。

2. 技术要求与注意事项

（1）遵守规章制度，未经许可不得搬动和拆卸不相关的仪器设备。

（2）穿戴好个人防护用品。

（3）举升汽车时，确保车辆已固定牢靠，举升完毕后合上举升机保险。

（4）拆件时不准用工具敲击板件，板件拆卸后放到纸板上。

（5）安装时按记号对准后放入，不准使用蛮力。

3. 操作步骤

（1）前保险杠拆卸与安装。前保险杠的装配示意如图3-20所示。

拆卸：

①拆下前保险杠上装饰板与前保险杠分总成的连接卡扣；

②拆下前翼子板及衬板与前保险杠分总成的连接螺栓；

③拆下前保险杠预埋支架与发动机舱前横梁的连接螺母；

④拔下前雾灯插头，然后从车上拆下前保险杠分总成，卸下前雾灯；

⑤取出前保险杠吸能块。

学习任务三　汽车车身板件的拆装与调整

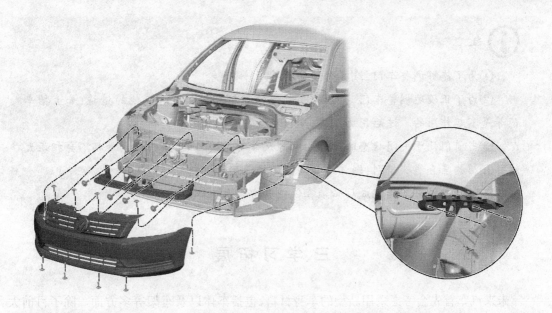

图3-20　前保险杠的装配示意图

安装：

①将前保险杠吸能块安装到前保险杠中,然后将前雾灯装到前保险杠上；

②将前雾灯线束插头插入固定座内；

③将前保险杠分总成预埋支架装入发动机舱前横梁,用螺母固定；

④用螺栓和自攻螺钉将前翼子板及衬板连接在前保险杠分总成上；

⑤紧固前保险杠预埋支架的固定螺母。

(2)车门拆装。前门的装配示意如图3-21所示。

拆卸：

①通过按压卡子脱开橡胶防尘套并将其从A柱上拔下；

②将锁紧杆向下翻转并将电气插头连接从耦接装置上脱开；

③从铰链上拧出螺栓；

④从铰链中向上取出车门。

安装：

①把车门抬起,从铰链中向下安装车门；

②把新的螺栓安装到铰链上。螺栓用20N·m+1/4圈继续旋转90°；

③连接电气插头到耦接装置并安装好锁紧杆；

④安装好橡胶防尘套。

图3-21　前门的装配示意图

> **注意**
>
> ①为了能够调整车门,汽车必须四轮着地停稳;
>
> ②为了正确地调整车门,必须把立柱上的车门铰链松开。其他的措施,如上抬车门等是不起作用的。过后用力按下,车门重新下沉;
>
> ③当前门处于关闭状态时各处的间隙尺寸都是均匀的,向内或向外都不会相距太远并且结构呈直线状排列,则该车门间隙已被正确地调整;
>
> ④装配或调整工作完成后必须在铰链和螺栓上采取防腐措施。

三、学习拓展

　　未来汽车首先会考虑采用新型的车身材料,包括车体以及车架等多方面。除了目前大量使用的合金金属之外,高分子材料在未来汽车上的运用将会更加多样化。未来汽车使用的塑料由几十种高分子材料组成,并且还将考虑零部件的通用性以及材料的回收便捷性问题。

　　未来的汽车由于大量采用新型材料,传统的车身结构及其设计方法可能不再适用,取而代之的是一种基于生物学增长规律的形状优化设计法,这种设计方法既能减轻零件质量,又延长了零件的使用寿命。此外,采用新的设计方法还能使车身零件数大幅度减少。如某车型的零件数已由400个减少到75个,总质量减轻30%,这已经说明轻量化设计具有极大的潜力。与此同时,研究汽车新材料的最终处置问题也由此变得重要起来,从某种程度上讲,回收问题关系到将来的生存与发展。目前,汽车上约占自重25%的材料无法回收再用,其中1/3为各种塑料,1/3为橡胶,还有1/2为玻璃、纤维。世界各国都花费大量的人力、物力进行材料回收再生问题的研究。现在,可以通过三种途径进行回收:颗粒回收,重新碾磨;化学回收,高温分解;能源回收,将废弃物作为燃料。

　　制约汽车车身新材料应用的重要因素是价格。作为主要新材料的高强度钢、玻璃纤维增强材料、铝和石墨增强材料,其成本分别为普通碳钢的1.1倍、3倍、4倍和20倍。所以,只有大幅度降低这些新材料的制造成本,才可能使诸多新材料进入汽车批量生产。

　　例如,玻璃纤维增强材料将在成本上成为钢材的有力竞争者,虽然它的重量减轻有限,但价格却能为用户接受;石墨合成材料尽管性能良好,但因其成本居高不下,目前它在汽车工业上很难有所作为。

　　采用新材料与先进的制造工艺是相辅相成的,汽车工业正在努力开发新的制造方法,对传统的工艺进行更新。适用于轻量化设计的连接工艺近年来有所发展,如德国某汽车公司在大批生产的轿车上采用CO_2激光束焊接,与传统的焊接工艺相比,焊接成的高强度钢板车身的强度提高了50%。

复合材料SMC(Sheet molding compound,SMC,片状模塑料)壳体的材料较厚,大约为2.5~3mm,限制了轻量化的程度。法国雷诺公司采用新的A级表面精度的SMC模压技术和低密度填料,减薄了零件厚度,使轿车壳体重量比普通SMC工艺下降了30%。纤维增强塑料复合材料统称为FRP,是一种纤维和塑料复合而成的材料。增强用的纤维为玻璃纤维、碳纤维和高强度合成纤维。根据使用要求,母体树脂可用环氧树脂、酚醛树脂、不饱和聚酯等。汽车上常用的是玻璃纤维和热固性树脂的复合材料。FRP作为汽车用材料具有材质轻、设计灵活、便于一体成型、耐腐蚀、耐化学药品、耐冲击、着色方便等优点,但在这种材料用于大批量汽车生产时,与金属材料比较还存在着生产效率低、可靠性差、表面加工差、材料回收困难等方面的问题。FRP材料可用于制造汽车顶棚、空气导流板、前端板、前灯壳、发动机罩、挡泥板、后端板、三角窗框、外板等外装件。用碳纤维增强塑料复合材料制成的汽车零件,还有传动轴、悬架弹簧、保险杠、车轮、转向节、车门、座椅骨架、发动机罩、格栅、车架等。

四、评价与反馈

1. 自我评价及反馈

(1)能否主动参与工作现场的清洁和调整工作? （　　）
　　　A. 主动完成　　　　B. 被动完成　　　C. 未完成
(2)是否知道车身各部件的连接方式? （　　）
　　　A. 知道　　　　　　B. 知道部分　　　C. 不知道
(3)完成本学习任务后,你对车身的结构是否熟悉? （　　）
　　　A. 熟悉　　　　　　B. 基本熟悉　　　C. 不熟悉
(4)你能否独立完成车身板件的拆装? （　　）
　　　A. 独立完成　　　　B. 小组合作完成　　C. 在老师的指导下完成
(5)在进行本任务时,哪些地方还需要进一步熟悉?

_____
_____
_____
_____
_____

(6)下次遇到类似的学习任务应如何改善,从而提高学习效果?

签名:_____ _____年_____月_____日

2. 小组评价及反馈

(1)工作页的填写情况如何? （　　）

　A. 正确且书写认真　　　　　　B. 正确但书写潦草

　C. 有抄袭现象　　　　　　　　D. 未完成

(2)是否主动参与小组讨论? （　　）

　A. 主动　　　　　B. 被动　　　　　C. 未参与

(3)是否积极学习,对于不懂的知识是否积极向别人请教,是否积极帮助他人学习?

（　　）

　A. 积极学习　　　　　　　　　B. 积极请教

　C. 积极帮助他人　　　　　　　D. 全部不积极

(4)有没有工具使用不当?有无保持作业现场的整洁? （　　）

　A. 使用正确、场地整洁　　B. 有使用不当　　C. 未保持作业现场的清洁

参与评价的同学签名:_____ _____年_____月_____日

3. 教师评价及答复

教师签名:_____ _____年_____月_____日

五、技能考核标准

序号	项目	操作内容	规定分值	评分标准	得分
1	着装安全防护	工作服、工作帽、安全鞋、手套	14分	整个过程中需要佩戴，不符合规定不得分	
2	工具设备使用	基本工具的使用 千斤顶的使用	8分 8分	不正确使用不得分； 不正确使用不得分	
3	工作安全	人员安全 操作姿势	5分 5分	操作过程中出现人员跌倒、跪地等不安全因素不得分； 操作姿势不正确不得分	
4	车门拆装	拆卸 按压卡子脱开防尘套； 将锁紧杆向下翻转并将电气插头连接从耦接装置上脱开； 从铰链上拧出螺栓； 从铰链中向上取出车门； 安装 把车门抬起，从铰链中向下安装车门； 把新的螺栓1和5安装到铰链上，螺栓用20N·m+1/4圈继续旋转90° 连接电气插头到耦接装置并安装好锁紧杆； 安装好橡胶防尘套	4分 4分 5分 8分 8分 12分 4分 4分	不正确不得分 不正确不得分 不正确不得分 不正确不得分 不正确不得分 不按照标准拧紧不得分 不正确不得分 不正确不得分	
5	结束	工具设备防护用品整理； 工作场地清洁	6分 5分	不做或不符合规定不得分 不做或不符合规定不得分	
		总分	100分		

学习任务四 汽车车身板件的焊接

任务要求

完成本学习任务后,你应该:

1. 了解焊接的基础知识;
2. 掌握车身板件二氧化碳气体保护焊焊接方法;
3. 掌握车身板件电阻点焊的焊接方法。

建议学时:12 学时

任务描述

汽车在使用过程当中因外力的作用,车身板件受到严重损坏或板件严重锈蚀而无法修复时,只能对板件进行更换。对于需要修复的板件,为了保证修复质量和外观,需对板件进行焊接。

一、理论知识准备

1. 焊接基础知识

(1)焊接方式。

焊接大致分为熔焊、压焊和钎焊,见表4-1。

各种焊接方式及使用部位　　　　　　　表4-1

焊接种类	焊接方法		典型应用实例
电阻焊	点焊	单点焊 悬挂式点焊机	车身总成、车身侧围等分总成
		单点焊 固定式点焊机	小型板类零件
		多点焊 压床式多点焊机	车身底板总成
		多点焊 C型多点焊机	车门、发动机罩等总成
	缝焊	悬挂式缝焊机	车身顶盖流水槽
		固定式缝焊机	油箱总成
	凸焊		螺母、小支架

40

续上表

焊接种类	焊接方法	典型应用实例
电弧焊	二氧化碳气体保护焊	车身总成
	氩弧焊	车身顶盖后两侧接缝
	手工电弧焊	原料零部件
气焊	氧—乙炔焊	车身总成补焊
钎焊	锡钎焊	水箱
特种焊	微弧等离子焊	车身顶盖后角板
	激光焊	车身底板

(2)电弧焊。

电弧焊是利用焊件与焊条(焊丝)间产生的电弧热量,将焊件与焊条(焊丝)熔化,待冷却凝固后形成牢固接头的工艺方法,如图4-1所示。

①焊接电弧。

电弧本质:是在电极与工件之间强烈而持久的气体放电现象。

电弧特点:低电压、大电流、能量密度大、温度高、移动性好。

电弧构造:阴极区——2400K,约占总热量的36%~38%;

阳极区——2600K,约占总热量的42%~44%;

弧柱区——6000~8000K,约占总热量的20%。

②电弧极性及应用。

使用直流电焊机时,有正接法和反接法,如图4-2所示。正接法是焊件接正极,用于焊接厚板件,可获得较深熔深。反接法是焊件接负极,用于焊薄板件,可防止板件烧穿。

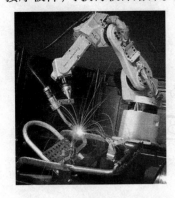

图4-1 电弧焊焊接

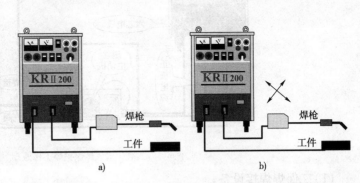

图4-2 直流弧焊机的不同接法
a)反接法;b)正接法

2. 二氧化碳气体保护焊

二氧化碳气体保护焊是一种熔化极惰性气体保护电弧焊接法,它利用焊丝与工件间产生的电弧来熔化金属,由 CO_2 作为保护气,采用焊丝作为填充金属。现在车身的纵梁、横梁、立柱等结构件都是应用高强度钢或超高强度钢制造,二氧化碳气体保护焊在焊接整体式车身上的高强度钢板比其他焊接方式更适合。

现在国内多数汽车修理厂采用的是半自动二氧化碳弧焊机。焊机的焊丝送给和二氧化碳气体的输送都是自动进行的,而沿焊缝的施焊则是手工操作的。它可以使用直径为0.6mm、0.8mm、1.0mm 的焊丝,对厚度在0.8~4mm 的工件(低碳钢、低合金钢、不锈钢等)进行空间全位置的对焊、搭焊、角焊等,并能对铸铁进行补焊。

二氧化碳气体保护焊即熔化极惰性气体保护焊,指用金属熔化极作电极,惰性气体(CO_2)作焊接方法,简称 MIG。

以 CO_2 气体作为保护介质,使电弧及熔池与周围空气隔离,防止空气中氧、氮、氢对熔滴和熔池金属的有害作用,从而获得优良的机械保护性能。二氧化碳气体保护焊工作原理如图4-3 所示。利用专用的焊枪,形成足够的 CO_2 气体保护层,依靠焊丝与焊件之间的电弧热,进行自动或自半动熔化极气体保护焊接。

MIG 使用一根焊丝,焊丝以一定的速度自动进给,在板件和焊丝之间出现电弧,电弧产生的热量使焊丝和板件熔化,将板件熔合在一起。

钢材用 CO_2 或 $CO_2 + Ar$ 的混合气,铝材用氩气或氩、氮混合气,不锈钢用氩气 +(4%~5%)氧气。

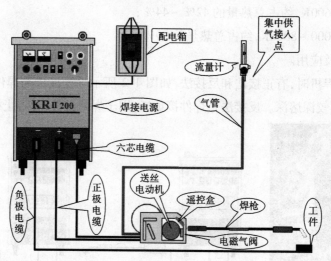

图4-3 二氧化碳气体保护焊工作原理

(1)二保焊焊接设备。

二保焊焊接设备主要由气源、送丝装置、焊丝、焊机电源、搭铁装置、焊枪、保护气、控制面板组成。MIG 焊机组成如图4-4 所示。

①带有流速调节器的保护气源(图4-5)。

CO_2 气体钢瓶用以储存液态 CO_2,CO_2 气体钢瓶外表涂铝白色,并写有黑色"液态二氧化碳"字样,瓶装压力为5~7MPa,如图4-6 所示。

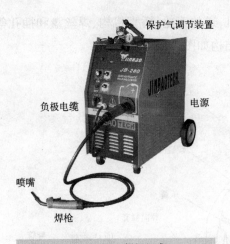

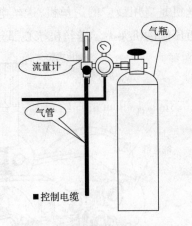

图 4-4　MIG 焊机组成　　　　图 4-5　带有流速调节器的保护气源

预热器，如图 4-7 所示。由于液态 CO_2 转变成气态时，将吸收大量的热，再经减压后，气体体积膨胀，也会使温度下降。为防止管路冻结，在减压之前要将 CO_2 气体通过预热器进行预热。预热器一般采用电阻加热式，采用 36V 交流供电，功率为 100～150W。

图 4-6　液态 CO_2 钢瓶　　　　图 4-7　带预热器的 CO_2 减压流量计

高压干燥器，专用于 CO_2 气体，防止 CO_2 气体中因含水量太高而使得焊缝产生气孔。高压干燥器内装有干燥剂，如硅胶、脱水硫酸铜和无水氯化钙等。

减压阀，将高压 CO_2 气体变成压力为 0.1～0.2MPa 的低压气体。

气体流量计，用来调节气体流量的大小，常用转子流量计，但其刻度是用空气作为介质，若通过气体为 CO_2 气体，浮子材料为纯铝。

②送丝机构。

二氧化碳半自动焊在国内外的应用十分广泛。根据焊丝直径及施工要求，二氧化碳气体保护焊送丝机通常有 3 种形式：推丝式、拉丝式和推拉丝式。

下面主要介绍推丝式送丝方式，推丝式主要用于直径为 0.8～2.0mm 的焊丝，它是应用最广的一种送丝方式。

推丝机是应用最广的送丝机,送丝电动机、送丝滚轮、矫直机构、焊丝盘和插孔等都装在薄铁板压制的机架上。送丝机核心部分的结构如图4-8所示。

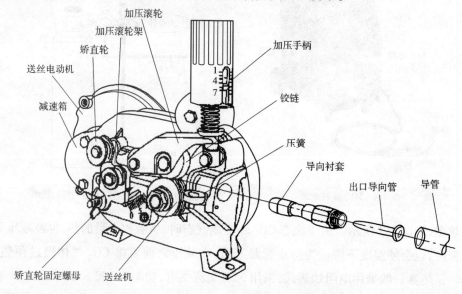

图4-8 送丝机构

③焊丝。

二氧化碳气体保护焊焊丝既是填充金属又是电极,如图4-9所示,所以焊丝既要保证一定的化学成分和力学性能,又要保证具有良好的导电性和工艺性能。

焊丝的直径系列有(0.5)、(0.6)、0.8、1.0、1.2、(1.4)、1.6、2.0、2.5、(3.0)、3.2mm,为了提高导电性能及防止焊丝表面生锈,一般在焊丝表面采用镀铜工艺,要求镀层均匀,附着力强,总含铜量不得大于0.35%。

④焊枪。

二氧化碳气体保护焊中,执行焊接的部分叫焊枪,它的作用是将焊丝引导至焊接部位并喷出保护气。鹅颈式焊枪如图4-10所示。

图4-9 二氧化碳气体保护焊焊丝

图4-10 鹅颈式焊枪

⑤控制面板。

控制系统由焊接参数控制系统和焊接过程程序控制系统组成。焊接参数控制系统主要包括:焊接电源输出调节系统、送丝速度调节系统和保护气流量调节系统组成。它们的作用是在焊前或焊接过程中调节焊接电流或电压、送丝速度、焊接速度和气流量,还可实现点焊和脉冲点焊功能,如图4-11所示。

⑥焊机电源。

把220V或380V的电压变为10V左右的低电压,同时把电流变大,焊接电压要求稳定。电源要稳压,否则会影响焊接质量。

⑦电缆和搭铁线。

焊接部位与搭铁线连接形成电流回路。

(2)气体保护焊焊接参数的调整。

二保焊的规范参数主要有:焊接电流、电弧电压、导电嘴到工件距离、保护气流量、焊接速度、送丝速度、焊枪喷嘴的调整、电源极性调整。选择这些参数的原则是在保证焊接质量的前提下,尽可能提高劳动生产率,并要注意焊接规范参数对飞溅、气孔、焊缝形成及焊接过程稳定性的影响。

图4-11 焊机控制面板

①焊接电流的确定。

焊接电流直接影响到焊件母材的熔透深度、熔丝的熔化速度、电弧的稳定性和飞溅量。随着焊接板件厚度的增加,焊丝直径和焊接电流也应相应加大。焊接电流与焊丝直径和焊件厚度的关系见表4-2。

焊接电流与焊丝直径和焊件厚度的关系　　　　　表4-2

焊接电流(A) \ 金属板厚(mm) 焊丝直径(mm)	0.6	0.8	1.0	1.2	1.4	1.6	1.8
0.6	20~30	30~40	40~50	50~60			
0.8	—	—	40~50	50~60			
1.0	—	—	—	—			

②电弧电压。

电弧电压是指从导电嘴端部到焊件之间的电压。主要根据焊接电流、焊丝直径等参数来选择。电弧电压必须与焊接电流配合恰当。当电弧电压增大时,则焊缝宽度相应增大,加强高和熔深减小;反之,当电弧电压减小时,则焊缝宽度相应减小,加强高和熔深增大。

电弧电压的选择与焊丝直径及焊接电流有关,它们之间存在着协调匹配的关系。短路过渡时不同直径焊丝相应选用的焊接电流、电弧电压的数值范围,见表4-3。

电弧电压的选择 表4-3

焊丝直径(mm)	电弧电压(V)	焊接电流(A)
0.6	18~20	50~60
0.8	18~21	50~100
1.0	18~22	70~120

③焊接速度。

根据焊接电流、电弧电压、焊缝截面尺寸等参数来选择。焊接速度过高时,不但气体保护效果容易遭到破坏,焊缝成型不良,而且还使焊缝冷却太快降低焊缝的塑性和韧性。焊接速度过慢,容易造成焊缝烧穿或形成粗大的焊缝组织。焊接速度调节见表4-4。

焊 接 速 度 调 节 表4-4

板件厚度(mm)	焊接速度(m/min)	板件厚度(mm)	焊接速度(m/min)
0.6~0.8	1.1~1.2	1.2	0.9~1
1.0	1	1.6	0.8~0.85

焊接速度对焊缝成型、接头的力学性能及气孔等缺陷的产生都有影响。通常半自动焊时,熟练焊工的焊接速度为30~60cm/min。

④送丝速度。

送丝速度较慢时,焊接接头较平坦。送丝速度太慢,焊丝在熔池内熔化并熔敷在焊接部位,可听到"嘶嘶"声或"啪嗒"声,反光亮度增强。送丝速度太快将堵塞电弧,焊丝不能充分熔化,焊丝将熔化成许多金属熔滴并从焊接部位飞走,产生大量飞溅,弧光频闪。

⑤焊丝伸出长度。

焊丝伸出长度指焊丝从导电嘴出口到焊丝末端的距离,对焊接过程的稳定性和焊缝质量有影响。焊丝伸出长度越长,这部分的电阻热越大,焊丝熔化速度就越快。另外随着焊丝伸出长度的增加,飞溅粘到喷嘴和导电嘴上的几率就减少,为此尽可能选用较大的焊丝伸出长度。但伸出长度过大时,焊丝容易弯曲,端头会发生摆动,使气体保护效果变差,焊缝边缘不齐或对中性不好;同时焊丝易过热,甚至造成飞溅,使焊接过程不稳,并引起气孔等缺陷。所以焊丝的伸出长度受到一定的限制。但焊丝伸出长度也不能太短,否则会妨碍对熔池的观察,喷嘴和导电嘴容易过热,飞溅往往粘在喷嘴上而被堵塞,影响保护气保护性能,以致引起焊缝气孔。焊丝伸出长度与焊丝直径和电流有密切的关系,较细的焊丝用较小的伸出长度,一般认为焊丝伸出长度约等于焊丝直径的10倍较合适,如图4-12所示。

⑥保护气体的流量。

CO_2气体流量应根据焊接电流、焊接速度、焊丝伸出长度及喷嘴直径等来选择。而气体流量又直接影响到气体保护效果。气体流量过小时,保护气流的挺度不足,焊缝易产生气孔等缺陷;气体流量过大时,不仅浪费气体,而且氧化性增强,焊缝表面会形成一层暗灰色的氧化皮,使焊缝质量下降。为保证焊接区免受空气的侵蚀,当焊接电流大或焊接速度快、焊丝伸出长度较长以及在室外焊接时,应增大CO_2气体的流量。

为了有效地保护焊接区域而获得高质量的焊缝,对CO_2气体应有一定的纯度要求。焊接用CO_2气体的纯度不得低于99.5%。同时,当CO_2气瓶的压力低于1MPa时,就应停止使用,以免溶于液态CO_2中的水分气化量增大而产生气孔。细丝焊接时气体流量约为5~15L/min。

图4-12 焊丝伸出长度

⑦焊接时焊枪的角度。

焊接方向有两种,即正向焊接和逆向焊接。正向焊接熔深较小且焊缝较平,逆向焊接熔深较大,并会产生大容量的熔敷金属。采用上述两种方法时,焊枪角度都应该在10°~15°之间,如图4-13所示。

图4-13 焊枪的角度

(3)焊接缺陷。

焊接缺陷原因及防止方法见表4-5。

表4-5 焊接缺陷的原因及其防止方法

焊接缺陷的种类	可能的原因	检查项及其防止办法
气孔	1. CO_2气体流量不足 2. 空气混入CO_2中 3. 保护气被风吹走 4. 喷嘴被飞溅颗粒堵塞 5. 气体纯度不符合要求 6. 焊接处较脏	气体流量是否合适(15~25L/min) 气瓶中气压是否 >1000kPa 气管有无泄漏处 气管接头是否牢固 风速大于2m/s应采取防风措施 去除飞溅(利用飞溅防堵剂或机械清除) 使用合格的CO_2保护气 不要粘附油、锈、水、脏物和油漆

续上表

焊接缺陷的种类	可能的原因	检查项及其防止办法
	7. 喷嘴与母材距离过大 8. 焊丝弯曲 9. 卷入空气	通常为 10~25mm,根据电流和喷嘴直径进行调整 使电弧在喷嘴中心燃烧,应将焊丝校直 在坡口内焊接时,由于焊枪倾斜,气体向一个方向流动,空气容易从相反方向卷入 环焊缝时气体向一个方向流动,容易卷入空气 焊枪应对准环缝的圆心
电弧不稳	1. 导电嘴内孔尺寸不合适 2. 导电嘴磨损 3. 焊丝送进不稳 4. 网路电压波动 5. 导电嘴与母材间距过大 6. 焊接电流过低 7. 接地不牢 8. 焊丝种类不合适	应使用与焊丝直径相应的导电嘴 导电嘴内孔可能变大,导电不良 焊丝是否太乱 焊丝盘旋转是否平稳 送丝轮尺寸是否合适 加压滚轮压紧力是否太小 导向管曲率可能太小,送丝不良 一次电压变化不要过大 该距离应为焊丝直径的 10~15 倍 使用与焊丝直径相适应的电流 应可靠连接(由于母材生锈,有油漆及油污使得接触不好) 按所需的熔滴过渡状态选用焊丝
焊丝与导电嘴粘连	1. 导电嘴与母材间距太小 2. 起弧方法不正确 3. 导电嘴不合适 4. 焊丝端头有熔球时起弧不好	该距离由焊丝直径决定 不得在焊丝与母材接触时引弧(应在焊丝与母材保持一定距离时引弧) 按焊丝直径选择尺寸适合的导电嘴 剪断焊丝端头的熔球或采用带有去球功能的焊机
飞溅多	1. 焊接规范不合适 2. 输入电压不平衡 3. 直流电感抽头不合适 4. 磁偏吹 5. 焊丝种类不合适	焊接规范是否合适,特别是电弧电压是否过高 一次侧有无断相(保险丝等) 大电流(200A 以上)用线圈多的抽头,小电流用线圈少的抽头 改变一下地线位置 减少焊接区的空隙 设置工艺板 按所需的熔滴过渡状态选用焊丝

续上表

焊接缺陷的种类	可能的原因	检查项及其防止办法
咬边	1. 焊接规范不合适 2. 焊枪操作不合理	电弧电压是否过高,焊速是否过快 焊接方向是否合适 焊枪角度是否正确 焊枪指向位置是否正确 改进焊枪摆动方法
焊瘤	1. 焊接规范不合适 2. 焊枪操作不合理	电弧电压是否过低、焊速是否过慢 焊丝干伸长是否过大 焊枪角度正确否 焊枪指向位置正确否 改进焊枪摆动方法
焊不透	1. 焊接规范不合适 2. 焊枪操作不合理 3. 接头形状不良	是否电流太小、电压太高、焊速太低 焊丝干伸长是否过大 焊枪角度正确否(倾角是否过大) 焊枪指向位置正确否 坡口角度和根部间隙可能太小 接头形状应适合于所用的焊接方法
烧穿	1. 焊接规范不合适 2. 坡口不良	是否电流太大,电压太低 坡口角度是否太大 钝边是否太小,根部间隙是否太大 坡口是否均匀
夹渣	焊接规范不合适	正确选择焊接规范(适当增加电流、焊速) 摆动宽度是否太大 焊丝干伸长是否太大
弧坑	焊接过程中突然灭弧	收尾时不要过早熄弧、灭弧,作短时间的滞留或作几次环形运条 正确选择焊接工艺参数

3. 电阻点焊

将两电极之间的工件加压,并在焊接处通以电流,利用电流通过工件本身的电阻的热量来加热而形成局部熔化,断电冷却时,在压力继续作用下而形成牢固接头,这种工艺过程称为电阻焊。

在汽车车身的生产中,除了在局部前立柱部位少量采用气体保护焊外,95%以上的焊接都是采用电阻点焊,一辆车大约有4000个电阻点焊焊点。在生产中大量采用电阻点焊的主要原因是:可实现焊接自动化(大量采用焊接机器人),实现流水线大规模生产;焊接强度高,可保证每个焊点的强度一致;成本低,只需耗电不需要其他耗材;速度快,一个焊点的焊接时间不超过 1s。

(1) 电阻点焊的焊接原理。

电阻点焊是利用低电压、高强度的电流流过夹紧在一起的两块金属板时产生的大量电阻热,用电极的挤压力把它们熔合在一起,如图 4-14 所示。

(2) 电阻点焊设备。

电阻点焊机是由变压器、控制器和带有可更换电极臂的焊枪组成。电阻点焊机如图 4-15 所示。

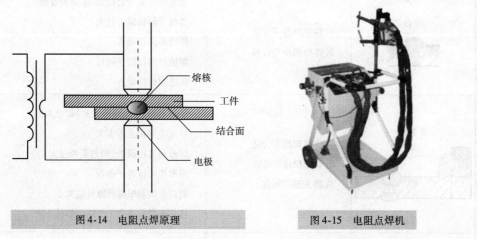

图 4-14　电阻点焊原理　　　　图 4-15　电阻点焊机

① 变压器。

变压器可以将低电流强度的 220V 或 380V 的电压变为 2～5V 的高电流强度的焊接电压。

② 焊机控制器。

焊机控制器可以调节变压器输出焊接电流的强弱,并可以调节出精确的焊接电流通电时间。在焊接时间内,焊接电流被接通并通过被焊接的金属板,然后电流被切断。焊接电流的大小由金属板的厚度和电极臂长度来决定。

③ 焊枪。

焊枪通过电极臂向被焊接板件施加挤压力,并流入焊接电流。点焊机焊枪如图 4-16 所示。

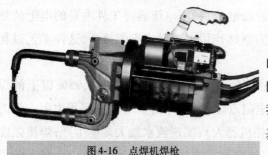

图 4-16　点焊机焊枪

(3) 影响电阻点焊焊接质量的因素。

根据公式 $Q = I^2Rt$ 知,影响电阻点焊质量的几个基本要素分别为电阻、电流和焊接时间。此外焊接质量还受电极压力影响。下面我们分别介绍影响电阻点焊焊接质量的几个基本因素。

① 电极压力。

两个金属板件直接焊接的机械强度与焊枪电极施加在金属板上的力有直接的关系。焊枪电极的压力太小、电流过大都会产生焊接飞溅物,导致焊接接头强度降低。焊枪电极压力太大会使焊点过小,并降低焊接部位的机械强度。焊枪压力过高会使电极头压入被焊金属,压入深度过大使焊接质量降低。焊点被电极压入的深度不能超过板厚的一半,如图4-17所示。

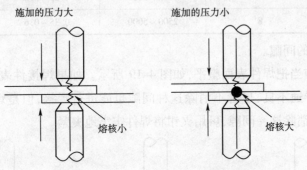

图4-17 电极压力大小对焊点的影响

②焊接电流。

给金属板加压后,强电流流过焊枪电极,然后流入两个金属板件。在金属板的结合处电阻值最大,电阻热使温度迅速上升,电流不断流过,金属便熔化并熔合在一起,电流太大或压力太小,将会产生内部飞溅物。如果适当减小电流强度或增加压力,使焊接溅出物减小到最小值,如图4-18所示。

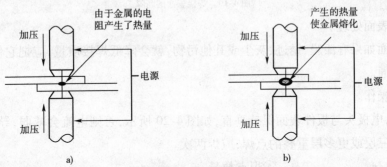

图4-18 焊接电流对焊点的影响
a)产生热量;b)金属熔化

③焊接加压时间。

电流停止后,焊接部位熔化的金属开始冷却,凝固的金属形成圆而平的焊点。对焊点施加的压力合适,焊点的结构紧密,有很高的机械强度。加压时间是一个重要因素,时间太短会使金属熔合不够紧密。电阻点焊基本参数见表4-6。

(4)影响电阻点焊焊接质量的其他因素。

使用电阻点焊机焊接时,除了焊机本身的电流、压力、电极臂等因素影响焊接质量外,还存在以下因素。

电阻点焊基本参数的选择　　　　　　　表4-6

板厚(mm)	电极直径(mm)	焊接压力(N)	通电时间(s)	焊接电流(A)
1.0	5	1000～2000	0.2～0.4	6000～8000
1.2	5	1000～2500	0.25～0.5	7000～10000
1.3	6	1500～3500	0.25～0.5	8000～12000
2.0	8	2500～5000	0.35～0.6	9000～14000

①焊接表面间的间隙。

在焊接之前,应当把焊件表面整平,如图4-19所示。如果焊接件表面之间留有任何间隙,都将导致电流导通不良,尽管不消除这种间隙也能进行焊接,但是焊点面积变小,造成焊接强度不足。为消除这一间隙,可用夹钳将焊件牢牢地夹紧。

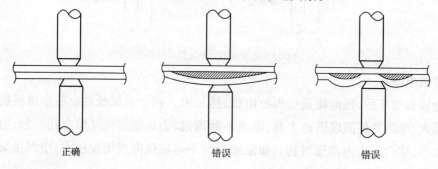

图4-19　焊接表面的间隙

②焊件表面处理。

焊件表面如果有漆膜、锈迹、灰尘或其他污物,就会降低焊接质量,应把它们清除干净,以使电流畅通。

③点焊操作。

点焊时,电极头与板件表面保持垂直,如图4-20所示,否则电流会减弱,导致焊接强度不够。对于三层或更多层重叠的点焊,应焊两次。

④焊点数量。

由于汽车修理厂所用的点焊机的功率一般都比汽车制造厂所用的小,因此,修理厂用的焊点数量应当比原有焊点多30%。

⑤焊点间距离。

各个焊缝的强度由焊点间距和边缘距离(焊点到板外缘的距离)决定。焊点间距减小,板件连接强度就增加,但焊点间距小到一定程度后如果再减小,板件的连接强度也不会再增大,因为电流会流向以前的焊点。随着焊点数量的增加,电流分流也会增多,而这种分流流出的电流又不会使焊点的温度升高。

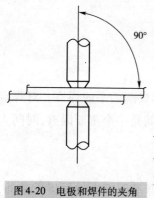

图4-20　电极和焊件的夹角

学习任务四　汽车车身板件的焊接

焊点间距的大小应控制在不致形成支路电流的范围内,一般要参照表 4-7 中给出的数值。

焊点测距的控制　　　　　　　　　　　表 4-7

板厚(mm)	焊点间距 S(mm)	边缘距离 P(mm)
0.4	≥11.0	≥5.0
0.8	≥14.0	≥5.0
<1.2	≥18.0	≥6.5
1.2	≥22.0	≥7.0
1.6	≥29.0	≥8.0

表 4-8 中各参数具体位置与含义如图 4-21 所示。

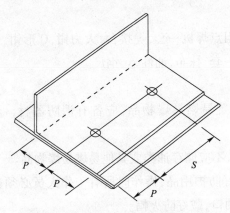

图 4-21　焊点的最小距离

边缘距离是由焊接电极头的位置决定的。如果边缘距离不足,即使焊接正常,焊接强度也会不够。在靠近板件端面焊接时应参照表 4-8 中给出的值,如果距离太小,就会导致焊接强度不够并引起板件变形(图 4-22)。

焊点到板外缘和端面距离　表 4-8

板厚 t(mm)	最小距离 T(mm)
0.4	≥11.0
0.8	≥11.0
<1.2	≥12.0
1.2	≥14.0
1.6	≥16.0
2.0	≥17.5

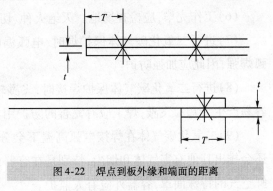

图 4-22　焊点到板外缘和端面的距离

⑥点焊顺序。

只在一个方向上连续点焊,这种方法的焊接强度较低,不宜采用。如果电极头过热变色,应停下来冷却,点焊顺序如图 4-23 所示。

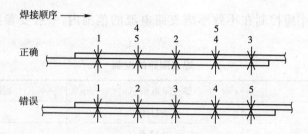

图4-23 点焊顺序

二、实践操作

1. 实践准备条件

二保焊焊机一套,电阻点焊机一套,焊接台,大力钳,C形钳,气动钻,点焊销钻机一套,气铲套装,个人防护用品一套,抹布,油性笔,钢尺。

2. 注意事项

(1)焊接场地禁止放置易燃易爆物品,应备有消防器材,保证足够的照明和良好的通风。

(2)操作场地10m内,不应储存油类或其他易燃易爆物品。

(3)工作前必须穿戴好防护用品,操作时所有工作人员必须戴好防护眼镜或面罩。仰面焊接应扣紧衣领,扎紧袖口,戴好防火帽。

(4)对沾有可燃气体和溶液的工件进行操作时,必须事先进行检查,并经过冲洗除掉有毒、有害、易燃、易爆物质后,再进行工作。

(5)电焊机搭铁及电焊工作回线都不准搭在易燃、易爆的物品上,也不准接在管道和机床设备上。工作台回线应绝缘良好,机壳搭铁必须符合安全规定。

(6)工作完毕,应检查场地。灭绝火种、切断电源后才能离开。

(7)进行二氧化碳气体保护焊时,电弧温度约为6000~10000℃,电弧光辐射比手工电弧焊强,因此应加强防护。

(8)进行二氧化碳气体保护焊接时,飞溅较多,尤其是粗丝焊接(直径大于1.6mm),更容易产生大颗粒飞溅,焊工应有完善的防护用具,防止人体灼伤。

(9)二氧化碳气体在焊接电弧高温下会分解生成对人体有害的一氧化碳气体,焊接时还会排出其他有害气体和烟尘,特别是在容器内施焊,更应加强通风,而且要使用能供给新鲜空气的特殊面罩,容器外应有人监护。

(10)二氧化碳气体预热器所使用的电压不得高于36V,外壳搭铁可靠。工作结束时,立即切断电源和气源。

(11)装有液态二氧化碳的气瓶,满瓶压力约为5~7MPa,但当受到外加的热源时,液体便能迅速地蒸发为气体,使瓶内压力升高,受到的热量越大时,压力的升高越大。这样就有造成爆炸的危险。因此,装有二氧化碳的钢瓶,不能接近热源。同时采取防高温等安全措施,避免气瓶爆炸事故发生。因此,二氧化碳气瓶必须按照《气瓶安全监察规程》管理。

（12）大电流粗丝二氧化碳气体保护焊接时,应防止焊枪水冷系统漏水破坏绝缘,并在焊把前加防护挡板,以免发生触电事故。

3. 二保焊焊接步骤

（1）穿戴好防护用品。

（2）焊接开始前,用锉刀把焊件结合处磨平,将坡口周围 10～20mm 范围内的油污、油漆、铁锈、氧化皮及其他污物清除干净,焊接部位不得有涂料、防锈漆和密封材料,还应完全没有锈迹。同时,还应该用自锁虎钳、C 形钳、钢板螺钉和专用夹钳等工具将钢板正确地夹持到一起,如图 4-24 所示。如果用夹钳不能把钢板夹到合适的位置上时,可用锤子敲击使之贴紧。

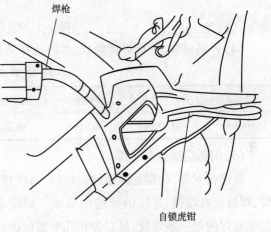

图 4-24　用夹钳夹紧板件

（3）焊机的准备。

①保护气的准备。气瓶内的压力可能超过 13.8kPa,应把气瓶牢固地捆绑在焊机上,或者墙壁、立柱上。站在气瓶的一侧,先把阀门打开,再迅速关上,以排出污物,然后装上流量表和调节阀,所用的调节阀必须与保护气的种类相符。最后在调节阀与焊枪进气嘴之间接上软管。

②在支架上安装并固定好焊丝盘。检查送丝辊规格,保证与焊丝的规格一致。检查导管（即电缆衬管）尺寸,确保与所用焊丝直径相配。把导入管装到送丝装置上,应使导入管或其接长管与送丝辊的沟槽对齐。并尽量靠近送丝辊,但不要接触,在这个位置没对齐会使焊丝乱绕。如图 4-25 所示。

③把搭铁夹子夹到车上焊接部位附近的裸露金属处。把电磁阀控制的保护气"输出"端与焊枪上的引入管连接起来。如果焊枪的开关线路与送丝装置之间有单独的连接线,那么应在这时接上。焊枪应牢固地与主引入电缆和电缆内的焊丝导管相接。焊丝导管端部应装有保护气混合室以保证正确定位。装上直径与焊丝匹配的导电嘴,再装上保护气喷嘴。

④检查各接头、接口处的密封情况。接口不严会泄漏保护气,而接头不实会导致电阻增大,影响焊接效率。

⑤检查焊丝时,应穿过焊枪送入 1m 左右,然后截断并固定好,以免缩回。焊丝应呈自然弯曲状。这个自然弯曲的曲线称作焊丝的射程,就是焊丝在平放时所形成的一个圆周。

⑥调整主动送丝辊使它对焊丝正好有足够大的压力,能将焊丝从卷盘中拉出并通过焊枪/电缆总成。

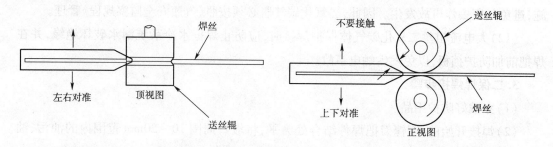

图 4-25　焊丝的安装与调整

(4)开机试焊,选择焊接参数,参数选择见表 4-9,假设板厚为 1.0mm。

焊 接 参 数 选 择　　　　　　　　　　　表 4-9

焊丝直径	焊丝伸出长度	焊接电流	电弧电压	焊接速度	气体流量	焊接角度
0.8mm	10~15mm	40~50A	16~19V	1m/min	5~15L/min	逆向 10°~15°

(5)引弧后进行对接焊。

在进行对焊,特别是薄板的对焊时,每次焊接的焊缝长度不要超过 20mm。对于连续对焊,焊缝应在缓慢、连续的推进中形成。焊枪应有支撑,以免晃动,焊枪移动速度要恒定。如果对焊的是一条焊缝,最好先在几个部位进行定位焊,以免板件发生翘曲变形,如图 4-26 所示。对焊时应注意安排焊接次序,以便在前一段焊缝自然冷却后再焊下一段。在焊接断续焊缝之间的空位时,应先用砂纸打磨机或砂轮机沿板件表面打磨原来的焊缝,然后再焊。否则焊缝接合部位会产生气孔。

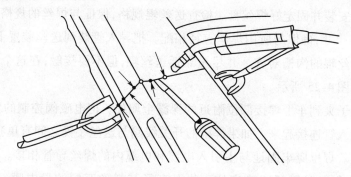

图 4-26　焊接时板件的定位

当对焊厚度为 0.8mm 或更薄的板件时,必须采用顺序分段焊,即跳焊的方法,以免烧穿焊件。如果焊接是从板件的边缘或接近边缘处开始。即使对焊焊缝很好,焊件也会出现翘曲变形。因此,为避免翘曲变形,应从焊道中部开始施焊,而且要不断地变换焊接部位,以使热量能分散到整个焊件上,如图 4-27 所示。焊接的板件越薄,一次焊的焊缝长度应越短。

(6)焊接完成后,检测焊接质量。焊好后打磨焊缝表面,使焊缝表面光滑,如图4-28所示。

(7)切断电源、气源并清洁场地。

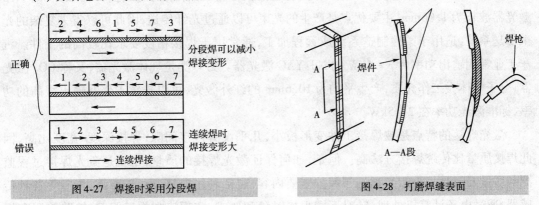

图4-27　焊接时采用分段焊　　　　　图4-28　打磨焊缝表面

4. 电阻点焊焊接步骤

(1)穿戴好个人防护用品。

(2)将要焊接的焊件表面清除油污、铁锈,并在焊件表面涂抹导电性好的透焊防蚀涂料,重要的是在板件端面也要均匀地涂抹一层防蚀涂料,如图4-29所示。

(3)用夹钳把两焊件夹紧。如果焊件表面之间留有任何间隙,都将导致电流导通不良。如图4-30所示。

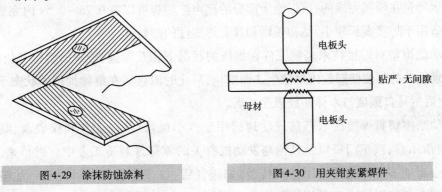

图4-29　涂抹防蚀涂料　　　　　图4-30　用夹钳夹紧焊件

(4)开机试焊,并调整电极臂压力、焊接电流和焊接时间。

(5)按要求进行焊接。

(6)焊接好后进行质量检测。

(7)切断电源、气源并清洁场地。

三、学习拓展

1. 激光焊接技术

激光技术采用偏光镜反射激光产生的光束使其集中在聚焦装置中产生巨大能量的光束,如果焦点靠近工件,工件就会在几毫秒内熔化和蒸发,这一效应可用于焊接工艺。激光焊接设备的关键是大功率激光器,主要有两大类,一类是固体激光器,又称 Nd:YAG 激光器。Nd(钕)是一种稀土族元素,YAG 代表钇铝柘榴石,晶体结构与红宝石相似。Nd:YAG 激光器波长为 1.06mm,主要优点是产生的光束可以通过光纤传送,因此可以省去复杂的光束传送系统,适用于柔性制造系统或远程加工,通常用于焊接精度要求比较高的工件。汽车工业常用输出功率为 3~4kW 的 Nd:YAG 激光器。另一类是气体激光器,又称 CO_2 激光器,分子气体做工作介质,产生平均为 10.6mm 的红外激光,可以连续工作并输出很高的功率,标准激光功率在 2~5kW。

激光焊接的特点是被焊接工件变形极小,几乎没有连接间隙,焊接深度/宽度比高,因此焊接质量比传统焊接方法高。但是,如何保证激光焊接的质量,也就是激光焊接过程监测与质量控制是一个激光利用领域的重要内容,包括利用电感、电容、声波、光电等各种传感器,通过电子计算机处理,针对不同焊接对象和要求,实现诸如焊缝跟踪、缺陷检测和焊缝质量监测等项目,通过反馈控制调节焊接工艺参数,从而实现自动化激光焊接。汽车工业中,激光技术主要用于车身拼焊、焊接和零件焊接。

2. 塑料焊接技术

超声波塑焊是将高频率机械振动通过工件传到接口部分,使分子加速运动。分子摩擦转换成热量使接口处塑料溶化,从而使两个焊件以分子连接方式真正结合为一体。因为这种分子运动是在瞬间完成的,所以绝大部分的超声波塑焊可以在 0.25~0.5s 内完成。超声波塑焊适用于焊接面积较小、结构规则和具有热塑性的塑料件。

振动摩擦塑料焊接技术是使工件在加压的状况下相互摩擦,能量沿熔接部位传导,并且在特别设计的部位使塑胶因摩擦生热而溶化,溶化时段过后在继续加压的状态下冷却固化,固化后的接口强度与本体塑胶强度相当。

振动摩擦塑料焊接技术已被成功地运用于汽车保修杠、仪表板和仪表盘、制动显示灯、方向指示器、汽车门板以及其他与发动机有关的零部件制造工业中。近年来,许多传统使用金属的零部件也开始用塑料代替,如进气管、仪表指针、散热器加固、油箱和过滤器等。振动摩擦焊接适用于焊接面积较大、结构复杂的工件,而且对塑料类型没有特殊要求。

3. 电阻焊的节能及控制技术

目前电阻焊机大量使用交流 50Hz 的单相交流电源,容量大、功率因数低。发展三相低频电阻焊机、三相次级整流接触焊机(已在普通型点焊机、缝焊机和凸焊机中应用)和 IGBT(绝缘栅双极型晶体管)逆变电阻焊机,可以解决电网不平衡和提高功率因数的问题。同时还可进一步节约电能,利于实现参数的微机控制,可更好地适用于焊接铝合金、不锈钢及其他难焊金属的焊接。另外,还可进一步减轻设备重量。

4. 等离子焊(PAW)

像 TIG(气体保护焊)焊接工艺一样,PAW 焊接机器人的应用是很少的。这种方法是用于汽车燃油箱的焊接,使用的是不同的焊接工艺,像TIG-电阻点焊和等离子焊等。等离子的焊接工艺应用在油箱的两个半圆边缘的焊接。许多行业对等离子焊接工艺的进一步发展非常感兴趣,具体的开发将会集中在开发很高的等离子密度和用于等离子焊枪的重新设计上。

氩气保护的等离子焊接切割早已在各行业应用,主要用于合金钢和有色金属加工。目前空气等离子切割已普遍应用于一般钢铁和有色金属的切割,国内铁路客车厂引进了水下等离子切割,以减少变形和提高精度。发动机气阀体早已采用填充圈等离子焊接。近十几年来粉末等离子堆焊有很大发展,可进行小熔合比的薄层料精细堆焊,能堆焊各种特种合金表面。

5. TCP自动校零技术

焊接机器人的工具中心点就是焊枪的中心点,TCP(Tool Center Point,工具中心点)的零位精度直接影响着焊接质量的稳定性。但在实际生产中不可避免地会发生焊枪与夹具之间的碰撞等不可预见性因素导致TCP位置偏离。通常的做法是手动进行机器人TCP校零,但一般全过程需要30min才能完成,影响生产效率。TCP自动校零是用在机器人焊接中的一项新技术,它的硬件设施是由一个梯形固定支座和一组激光传感器组成。当焊枪以不同姿态经过TCP支座时,激光传感器都将记录下的数据传递到CPU与最初设定值进行比较与计算。当TCP发生偏离时,机器人会自动运行校零程序,自动对每根轴的角度进行调整,并在最少的时间内恢复TCP零位。目前在波罗后桥及帕萨特副车架的机器人焊接生产线上均采用了该技术,大大方便了设备调整,节约了调整时间,提高了产品的质量。

6. 焊缝自动跟踪技术

焊接机器人缺少对工件的自适应能力,效果比较好的是用激光视觉传感器系统,它能够自动识别焊缝位置,在空间中寻找和跟踪焊缝,寻找焊缝起、终点,实现焊枪跟随焊缝位置自适应控制。但这种方法不太适合轿车底盘零件的焊接,因轿车底盘零件机器人系统的夹具允许机器人工作空间范围很小,根本不允许焊枪头上再有附带激光跟踪头进行焊接。为此仅可使用的焊缝自动跟踪技术为电弧电压跟踪传感,该系统具有寻找焊缝起始点、终点以及弧长参考点,焊接过程中根据弧长的变化,用电弧传感器控制电压自适应控制。这种方法也只能应用于角接接头形式,对于轿车底盘零件的大量薄板搭接焊缝,因无法寻找弧长参考点而无法应用。

四、评价与反馈

1. 自我评价及反馈

(1)能否主动参与工作现场的清洁和调整工作? ( )

    A. 主动完成   B. 被动完成   C. 未完成

(2)是否知道板件焊接参数的调整？   （   ）
　　A.知道　　　　　　　B.知道部分　　　　　　C.不知道

(3)完成本学习任务后,你对焊接工具的使用是否快速和规范？   （   ）
　　A.快速规范　　　　　B.规范但不快速　　　　C.不会使用

(4)你能否独立完成三种方法以上的焊接？   （   ）
　　A.独立完成　　　　　B.小组合作完成　　　　C.在老师的指导下完成

(5)在进行本任务时,哪些工具还需要进一步熟悉？
_____
_____
_____

(6)下次遇到类似的学习任务应如何改善,从而提高学习效果？
_____
_____

　　　　　　　　　　　　　签名：_____　　____年____月____日

2. 小组评价及反馈

(1)工作页的填写情况如何？   （   ）
　　A.正确且书写认真　　B.正确但书写潦草　C.有抄袭现象　D.未完成

(2)是否主动参与小组讨论？   （   ）
　　A.主动　　　　　　　B.被动　　　　　　　　C.未参与

(3)是否积极学习,对于不懂的知识是否积极向别人请教,是否积极帮助他人学习？
　　　　　　　　　　　　　　　　　　　　　　　　　　　　　　　　（   ）
　　A.积极学习　　　　　　　　　　　　　B.积极请教
　　C.积极帮助他人　　　　　　　　　　　D.全部不积极

(4)工具有没有使用不当？有无保持作业现场的整洁？   （   ）
　　A.使用正确、场地整洁
　　B.有使用不当
　　C.未保持作业现场的清洁

　　　　　　参与评价的同学签名：_____　____年____月____日

3. 教师评价及答复

_____
_____
_____

　　　　　　　　　　　　教师签名：_____　____年____月____日

五、技能考核标准

序号	项目	操作内容	规定分值	评分标准	得分
1	着装安全防护	焊接工作服、耳塞、焊工手套、焊接面罩、焊接口罩； 有无佩戴金属饰物	5分 5分	干净整洁齐全为满5分,每缺一样扣1分； 工作服上无外露纽扣、金属饰物为5分	
2	工具设备使用	正确调整焊机的电流、电弧电压送丝速度、焊接速度、保护气体的流量等工艺参数	20分	熟练安全调节得满分； 基本掌握焊机使用方法每项参数得3分； 调节不熟练,出现调节过程中损坏焊接设备现象不得分	
3	焊件装夹	利用夹具对焊件进行装夹	10分	熟练安全操作得满分； 基本熟练得7分； 装夹过程中有工件或者工具落地现象不得分	
4	焊接质量	焊疤的长度	5分	焊疤的长度不在35~38mm范围内,扣5分；	
		焊疤的背面宽度	3分	焊疤的背面宽度大于5mm,小于1mm,扣3分；	
		焊疤的正面宽度	5分	焊疤的正面宽度不在5~10mm范围内,扣5分；	
		焊疤的正面高度	3分	焊疤的正面高度超过3mm,扣3分；	
		焊疤的背面高度	3分	焊疤的背面高度超过1.5mm,扣3分；	
		熔穿孔	3分	焊片的焊疤上有熔穿孔,扣3分；	
		气孔	3分	气孔>3个,扣3分；	
		不正确熔化	3分	不正确熔化>1mm,扣3分；	
		咬边长度	3分	咬边长度>5mm,扣3分；	
		二次焊接	2分	二次焊接,扣2分；	
		飞溅物	2分	飞溅物≥10个,扣2分；	
		破坏性试验	10分	通过破坏性试验没有与焊缝长度相等的孔,扣10分	
5	结束	工具设备防护用品整理 工作场地清洁	10分 5分	工具跌落扣2分； 操作中零件跌落扣3分； 操作过程中烫伤、砸伤扣5分； 焊接完毕后清洁场地得5分	
	总 分		100分		

学习任务五 车身板件修复

任务要求

完成本学习任务后,你应该:

1. 了解车门基本组成结构;
2. 会分析车身不同局部凹凸变形适用的修复方法;
3. 会熟练修复车身局部凹凸变形;
4. 熟练掌握板件的收放操作;
5. 能修复铝制板件。

建议学时:12 学时

任务描述

汽车常会因发生相互碰擦造成汽车车身刮伤甚至破损。修理厂接收了一辆事故车,经检查损伤为汽车车门刮伤(凹陷),决定先安排钣金作业,修复凹陷,后安排涂装作业修复损坏涂层。

一、理论知识准备

1. 汽车车门结构

(1)车门的类型。

①车门按其开启方式可分为以下几种。

a.顺开式车门:即使在汽车行驶时仍可借气流的压力关上,比较安全,而且便于驾驶员在倒车时向后观察,故被广泛采用。

b.逆开式车门:在汽车行驶时若关闭不严就可能被迎面气流冲开,因而用得较少。一般只是为了改善上下车的方便性及适于迎宾礼仪需要的情况下才采用。

c.水平移动式车门:它的优点是在车身侧壁与障碍物距离较小的情况下仍能全部开启。

d. 上掀式车门:广泛用作轿车及轻型客车的后门,也应用于低矮的汽车。

e. 折叠式车门:广泛应用于大、中型客车上。

②车门按结构可分为以下几种。

a. 无骨架式:车门由内外两部分冲压板件组焊而成,大部分司机门、折叠门均采用此结构。

b. 有骨架式:车门内外蒙皮焊接在骨架上——外摆式乘客门。

③车门按有无运动轨道分为有轨式和无轨式。

(2)车门的组成

车门主要由车门壳体、附件和内饰盖板三部分组成,如图5-1所示。

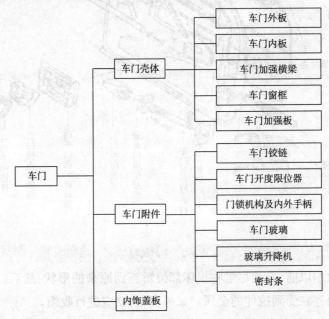

图5-1 车门的组成

车门壳体由厚度0.8~1.0mm的薄钢板冲压、组焊而成。车门壳体有整体式(窗框与车门内外板一体冲压成型)及框架式(窗框与门内外板分开制造,通过螺钉或焊接方式与内外板连接)两种形式。

车门附件包括门锁机构、门铰链、门限位器和玻璃升降机构等。

车门结构如图5-2所示。

2. 车身金属板件的扩展与收缩

在修复车身变形时,锤击区的金属在锤击作用下会产生延展即向四周扩展,而受到四周金属的阻滞无法扩展时,就会产生向上鼓凸或向下凹陷。如果对车身板件进行焊接时,金属由于热胀冷缩会产生凹凸变形和厚薄不一或翘曲甚至发生扭曲等变形。以上这些变形都需要通过收放作业来修复。即对伸展、膨胀的金属进行收缩(简称"收");对收缩、拉紧的金属进行延展(简称"放")。收放操作可以将尺寸误差和形状与位置误差控制在技术标准之内。

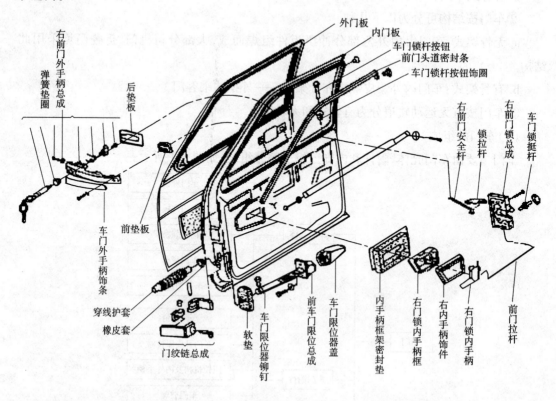

图5-2 车门结构

在进行任何收缩以前,必须尽量将损坏部位矫正到原来的形状,然后,才能准确地判断出损坏的部位是否存在受到拉伸的金属。如果存在,就应进行收缩。

在汽车钣金操作中,车身板件的收放作业有以下3种形式。

(1)锤击法。

用锤击法进行收放作业,以钣金锤和顶铁为主要工具,通过敲击拉紧部位使之放松,从而达到修正的目的,比较适合修复那些变形程度小、面积小的构件。

锤击法的突出优点是:对防锈层的破坏程度较低,尤其适合修复耐腐蚀特种钢板;还可利用金属的冷加工硬化现象,进一步提高材料的强度和硬度;对薄钢板膨胀、隆起拉紧、扭曲现象,收放效果十分显著;所用工具简单而且操作方便。这些也使锤击法成了车身维修中钣金作业的首选方案。

锤击法的缺点是:操作效率较低并且具有一定的技术难度;反复锤击会使构件表面损伤,尤其是变形面积、程度较大时,这一点就显得更加突出。对厚钢板或板类构件不具备一定的收缩、延展面时就不适用。

薄板的拉紧与放松,会导致其产生两种形态的变形。一种是由四周拉紧、中部放松形成的凸鼓变形;另一种是由四周放松、中部拉紧形成的翘曲、扭曲变形。操作前应经过认真分析、诊断,根据拉紧与放松的特征,确认属于哪种类型的变形,以便区别对待。

对于沿周边拉紧状态而引起的中间隆起,应通过锤击法延展、放松板料的周边,不应再敲击凸鼓中部以免变形加大。基本操作要领是:由四周开始锤击并逐渐向中间移动;其中,锤击边缘时的力度要大、敲击点要密,随着敲击点向中心的移动,力度应逐渐减小并使敲击点逐渐变疏,如图5-3a)所示。如此,金属板就可以四周开始延展、放松,并趋向至隆起面的中心,中凸变形自然会消除。

对于沿四周放松、中部拉紧形成的翘曲、扭曲变形,修正时与上述操作有所不同。锤击则从板料的中间部位开始,并逐渐呈放射性地向四周边缘扩散。与前述操作的相同点在于,敲击力度也是由强到弱、敲击点同样要由密变疏,如图5-3b)所示。锤击使板面中间延展,拉紧状态被放松,翘曲和扭曲现象自然也被消除了。

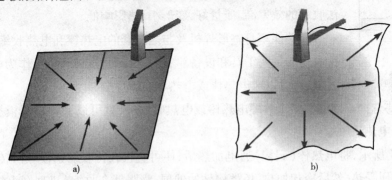

图5-3 薄板的延展
a)由四周向中间锤击;b)由中间向四周锤击

(2)火焰法。

运用火焰法收放,可以获得比锤击法大得多的收缩、延展量。因此,这种方法更适合膨胀程度大、拉紧状态严重而且面积大的变形。对此,如果应用锤击收放法,不仅难以奏效,而且对构件表面的锤击损伤也会增大。对需要延展的板类构件,只要在加热和加热后冷却过程中不停地锤击,就可以获得比锤击法大得多的延展量。这种类似于锻打的作业方式,与锤击法延展相比有异曲同工之处,因为加热使金属的塑性提高、强度下降,加之锤击的作用,理所当然地会获得明显的延展效果。火焰法延展,特别适用于需要较大延展量的厚钢板。

加热收缩的基本原理如下:

火焰法收缩是利用金属热胀冷缩这一性质来达到收缩目的的。如图5-4所示,当利用火焰对钢板迅速加热时,受热点及其周围就会以此为核心向外膨胀,并延伸至一定的范围。距受热点越近,金属的延伸、膨胀量也越大;反之,则延伸、膨胀量越小。由于受热点周围的金属仍然处于冷硬状态下,于是就限制了膨胀的扩展并形成了周向的固定,而加热点的金

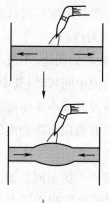
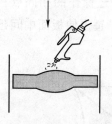

属很软,所以会有过多的金属趋向于加热点,从而引起此点金属垂直扩张变厚,延伸量也为受热金属的膨胀变厚所代替。在此状态下,如对受热点及其周围的金属进行轻轻地锻打,垂直方向膨胀的金属就被压缩并固定了下来,材料的内应力也因此被消除。如果尽快使红热区冷却,受热点及其周围的板料就会收缩,局部表面积将比受热前小一些,金属点及其周围的板料就会收缩,局部表面积将比受热前小一些,金属内部也会伴随着产生拉伸载荷,就可以获得更大的收缩量。由此达到了对板类构件膨胀、隆起的收缩目的。

(3)电热法。

锤击法需要在构件的两面同时操作,火焰法的热辐射范围大,使作业场合受到某些条件限制,电热法则有许多不可比拟的优点。电热法收缩的效率高、质量好、变形小、热影响低。

多功能车身整形焊机及与之配套的电热棒和电热收缩锤,是电热法收缩的主要工具和设备。它的工作原理比较简单,作为电源的主机通电后,可以对电热棒或电热收缩锤加热。

图5-4 火焰法收缩原理

根据需要选择不同的整型工具即电热棒或电热收缩锤,就可以实现对薄板类车身构件膨胀、伸展的电热法收缩。

如图5-5所示,将电热棒(碳棒)通电加热后,便可直接在待收缩钢板上回转画动,使膨胀、隆起的金属受热,然后冷却加热,板类构件的伸展、膨胀就会收缩(机理同火焰法),从而使变形和内应力消除,达到修复的目的。

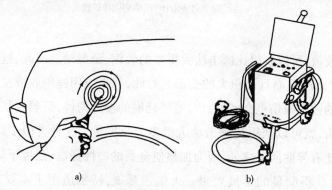

图5-5 电热法
a)用电热棒加热并收缩车身翼子板;b)多功能车身外形修复机

另外,与多功能车身整形焊机配套的电热收缩锤,能够在加热过程中轻轻敲击被加热金属,使热膨胀得以固定。

电热法收缩不会像火焰法那样,在构件表面上留下因加热而导致的不平,也不会有火焰法那样大的辐射热而殃及其他构件,收缩终了一般不必用平锤、顶铁等工具敲平,有时还可不必拆除内饰板等关联件,从车身外侧即可直接进行收缩操作,对钢板表面的烧损面和对周围涂层的破坏程度等,也比火焰法轻得多,对修复面积较大的薄板类膨胀效果较好。

3. 铝制板件的修理

随着科学技术的发展,现在很多轿车的车身都用铝制板件或全铝车身。铝合金比钢板要软得多,而且当铝板受到加工硬化以后,难以二次加工成型。铝合金的熔点也较低,加热后容易产生翘曲变形。另外铝合金制成的车身覆盖件及构件的厚度,通常相当于同部位钢件的1.5~2倍。因此,在修复损坏的铝合金车身板件或构件时,应该充分考虑到这些特性,也更应小心、谨慎。对于大多数铝制车身板件的修复,可以通过初步校正和使用填充的办法来进行。

(1)铝制板件的初步成形和校正。

通常使用钣金锤和垫铁来敲平铝合金变形,其方法与维修钢板的方法基本相同,但针对铝合金板件的特点,操作时还要注意以下几个方面。

①由于铝比钢材要软得多,敲平操作时一般采用偏托法,如果采用正托法敲平,铝板的可延展性不及钢板,打击所导致的表面变形就不容易恢复,而偏托法敲击对铝板的变形较缓和。

②用钣金锤在顶铁上敲击时,应注意钣金锤的力度和次数,敲击太重或次数太多都会使铝合金板受到加工损伤。应该尽量轻敲,循序渐进。

③对于铝合金板上的小凹陷,可用撬杠或精修冲撬起,效果更好。但是应注意不能使凹陷处升高太多,也不能用力过度而拉伸柔软的铝板。

④对于面积较大的弹性变形,可使用钣金锤和修平刀进行弹性敲击,用以释放隆起变形处的应力。修平刀将敲击产生的力分散到一个较大的范围,使坚硬的折损处产生弯曲的可能性大为减小。但铝的弹性小,操作时必须非常小心。

铝合金板修复后表面容易留下粗糙的加工痕迹,一般需要通过锉修使之平滑。在用车身修整锉来修平高出点时,由于铝合金较柔软,锉修时应使用柔性锉并轻轻施压,以免刮伤铝合金表面,锉的边缘棱角应圆滑,以免擦擦或造成金属穿孔。

(2)铝板制板件的焊接。

由于铝板的导热性好,它特别适合于采用惰性气体保护焊进行焊接。进行铝板焊接时,应注意下列问题。

①应使用铝焊丝和100%的氩气,而且保护气体的输出要增加约50%。

②焊具应与板面呈75°~85°角,即接近垂直位置。

③只能采用正向焊接法,不能在铝板上进行逆向焊接;进行垂直立焊时,应从下面开始向上边焊接。

④焊接铝板时的送丝速度宜稍快。为防止焊丝弯曲,宜将送丝导轮上的压力调低。但压力也不可过低,以防止造成送丝速度不稳定。

⑤焊接铝板会产生更多的飞溅物,应在喷嘴和导电嘴的端部涂上防溅剂。

(3)铝合金板的热收缩。

采用热收缩的方法矫正铝合金板件,与矫正钢板有很大区别。矫正钢板时,必须尽量避免加热,以免降低钢的强度。而矫正铝合金板时,则是利用加热的方法来恢复加工硬化时降低的可塑性,如果不加热和温度不到位,当矫正力施加到铝板上时,便会引起受力部位开裂。

在开始矫正前,先对受损铝合金板加热。但由于铝在高温下会改变颜色,往往会因加热过度(达到650℃以上)而融化,因此对火焰加热的控制十分重要。可以使用加热到200℃时能改变颜色的热敏涂料或热敏笔来观察笔画一个环状的加热区标志,均匀移动火焰,对变形处加热。当热敏涂料或热敏笔画的标志改变颜色时,应立即停止加热。这时,受热处中心位置的温度在380~420℃之间,离铝的熔点还有相当的余量。如果加热温度太高,就可能造成铝板的融化。对于热收缩部位应尽量缓慢冷却,因为快速冷却、收缩会造成铝合金板的变形。

二、实 践 操 作

1. 实践准备条件

门板,门板支架,气动打磨机,带式研磨机,车身外形修复机,砂纸(60#、80#),记号笔,干净抹布,钣金工具箱,钢直尺,板锉,防护用品等。

2. 技术要求与注意事项

(1)拉伸和压缩过的车门覆盖件要符合原厂的形状、尺寸和使用性能,以及再次承受冲击载荷的要求。

(2)车门覆盖件修理过后,不会起翘松旷并发出使人不愉快的噪声。

(3)更换车门覆盖件时,需采用原厂工艺进行连接。

(4)严禁使用高温加热覆盖件进行修理(如氧—乙炔加热)。

3. 门板修复实训

步骤1:检查受损部位,制定修理计划。

如图5-6a)中,白色印痕为碰撞的直接损伤处。碰撞中,直接损伤通常只占一小部分,却要花费较长时间修理。图5-6b)中白线标注的是板件受拉伸铰折而产生的筋,要用锤击法来整平这些筋。图5-6c)中以直接损伤处为中心,向四周推进80mm的距离,得到240mm×160mm的椭圆虚线框。图5-6d)中箭头指示区域为碰撞损伤区域总和,即修复工作区。

步骤2:清除修复区域油漆涂层。

穿戴好安全防护用具,选用气动盘式打磨机,装配60#砂纸,调节磨机转速,压缩空气压力保持在0.6MPa左右。沿图5-6d)中所示实线外轮廓打磨修复区及搭铁区。

学习任务五　车身板件修复

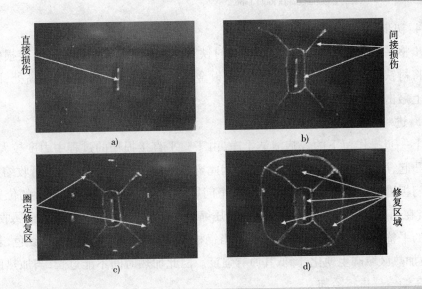

图5-6　确定门板修复工作区域

 注意

　　使用盘式打磨机时,机身应与油漆涂层表面保持15°~20°的夹角;气动打磨机转速较高,一定要握紧打磨机,以免脱手造成伤害。

　　步骤3:释放门板内应力。

　　连接外形修复机、焊枪,调节好电流和时间,焊枪按照图5-7所指示的顺序和位置将焊片焊接到修复区,用滑锤轻微的撞击力向外拉伸,释放钢板因碰撞产生的内应力。焊点间隔1.5~2cm,两列焊点由外向内交错进行。

　　焊枪错位焊接到图5-8所示的位置,由四周向中间交替初步整平拉伸区。焊枪拉紧门板,用镐锤扁平面锤击图5-8中黑色筋线位置。每次敲击点的间距为9~12mm,敲击力度由轻到重。

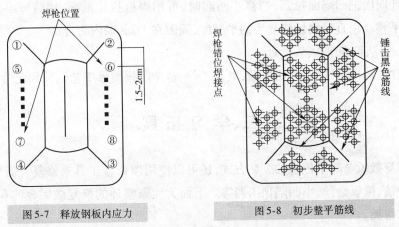

图5-7　释放钢板内应力　　　　图5-8　初步整平筋线

69

步骤4：初步整平直接损伤区。

在初步整平拉伸区之后，用钣金锤辅以衬铁对图5-9所示虚线部分即直接损伤区域进行修复。将衬铁从门板内侧抵住凹陷处，用钣金锤从正面敲击虚线四周的高处，即用铁锤不在垫铁上敲击法初步整平直接损伤区。

步骤5：进一步整平直接损伤区。

先将上一步操作留下的焊疤清洁干净，由于整平直接损伤的过程中力度较大，伴随产生了诸多凸起，严重影响了门板的平整度，因此要利用热处理的方式对其进行收缩整平。

在对门板进行加热的同时需要注意两个问题：第一，加热头和门板接触的位置。如图5-10所示，在凸起部位的两侧交替加热。用压缩空气对加热点进行冷却时，金属收缩，达到整个板面的平整；第二，加热时间的控制。当钢板加热到600℃时会出现暗红色，若此时进行冷却，被加热区域产生硬化，降低其原有强度。因此加热时间不能过长，当加热区开始变黑即可用压缩空气进行冷却。

重复此步骤，逐个修复凸起，最后清洁修复区域。

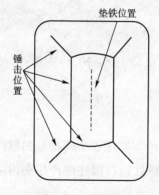

图5-9　钣金锤不在垫铁上敲击法

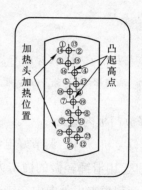

图5-10　板件的热收缩处理

步骤6：精修。

用修复机辅以直尺对残余的小的凹陷和凸起进行精修。精修小的凹陷时，滑锤拉的力度要轻，从外向内把凹陷面拉高；精修小凸起时，可用焊枪拉住低面，用镐锤小头轻轻敲击凸起，直到平整。用直尺测量修复区的平整度，间隙在1mm以内为合格。

步骤7：清洁整理工位。

最后打磨、清洁，关闭修复机电源，整理工位，整个门板整形工艺流程到此结束。

三、学习拓展

修复车身微钣金除了传统的胶粘方式，还可以使用微钣金工具来修复。需要辅助使用的工具有撬镐、微钣金锤、小凹陷顶出器等。下面为大家整理的修复微钣金的6个步骤，希望对大家有帮助。

使用这些工具对凹陷进行修复时的操作步骤如下：

(1)在凹陷部位做好标记,把灯光放在需要修复的部位旁边,通过灯光的照射可以仔细的观察凹陷部位在修复过程中的变化,以便及时调整维修操作;

(2)车身外部板件在受到比较小的力量冲击时,会产生一些微小的凹痕,影响车辆的美观,用笔在微小凹痕部位作出标记;

(3)把微钣金撬镐深入板件凹痕的后面,在板件后找到凹痕部位进行轻柔的顶压,在操作时用力要均匀、细小、轻柔,不要一次用力太大,防止产生大的的变形,使修复失败;

(4)最终通过精细的修复可以得到与原先外观没有区别的效果;

(5)对微小凹痕进行修复用的工具与常规的钣金工具不同,由于修复时的力量要小、轻柔,所以工具也要小、精致;

(6)在修复好的凹陷部位的油漆表面可能有细微的磨损,在修复部位放一些研磨膏,对此部位进行研磨抛光。

四、评价与反馈

1. 自我评价及反馈

(1)能否主动参与工作现场的清洁和调整工作？　　　　　　　　　　　　(　　)

　　A. 主动完成　　　　B. 被动完成　　　　C. 未完成

(2)完成本学习任务后,你记住了多少知识？　　　　　　　　　　　　　(　　)

　　A. 记住了20%　　　B. 记住了50%　　　C、记住了80%及以上

(3)你能否正确规范修复门板凹陷？　　　　　　　　　　　　　　　　　(　　)

　　A. 能　　　　　　　B. 不能　　　　　　C. 可以在老师的提醒下完成

(4)车门按其开启方式可分为哪几种？请填写在下面。

_____

_____

_____

_____

(5)在汽车钣金操作中,车身板件的收放作业有几种形式？

_____

_____

_____

_____

(6)描述加热收缩的基本原理。

_____
_____

(7)下次遇到类似的学习任务应如何改善,从而提高学习效果?

_____
_____
_____

签名:_____ _____年_____月_____日

2. 小组评价及反馈

(1)工作页的填写情况如何? ( )
  A.正确且书写认真 B.正确但书写潦草 C.有抄袭现象 D.未完成

(2)是否主动参与小组讨论? ( )
  A.主动   B.被动   C.未参与

(3)是否完成本学习任务的学习目标? ( )
  A.完成且效果好 B.完成但效果不好 C.未完成

(4)是否积极学习,对于不懂的知识是否积极向别人请教,是否积极帮助他人学习?
( )
  A.积极学习 B.积极请教 C.积极帮助他人 D.全部不积极

(5)零件、工具与油污有没有落地,有无保持作业现场的整洁? ( )
  A.无掉地且场地整洁   B.有零件、工具掉地
  C.有油污掉地   D.未保持作业现场的清洁

(6)实施过程中是否注意维修质量和有责任心? ( )
  A.注意质量,有责任心   B.不注意质量,有责任心
  C.注意质量,无责任心   D.全无

参与评价的同学签名:_____ _____年_____月_____日

3. 教师评价及答复

_____
_____
_____
_____

教师签名:_____ _____年_____月_____日

五、技能考核标准

序号	项目	操作内容	规定分值	评分标准	得分
1	准备	清点工具、清理工位	5分	酌情扣分	
2	安全防护	操作时戴手套	2分	未操作扣1~2分	
		操作时戴护目镜	2分	未操作扣1~2分	
		操作时戴防尘口罩	2分	未操作扣1~2分	
		操作时戴工作帽	2分	未操作扣1~2分	
		操作时戴耳罩	2分	未操作扣1~2分	
		操作时穿安全鞋	2分	未操作扣1~2分	
3	参数调整	时间	3分	操作不当扣1~3分	
		电流	3分	操作不当扣1~3分	
4	打磨	长轴	8分	操作不当扣1~8分	
		短轴	8分	操作不当扣1~8分	
5	修复后板面	修复部位形状低于板面高度	10分	操作不当扣1~10分	
		修复部位形状高于板面高度	10分	操作不当扣1~10分	
		修复部位出现孔洞	10分	操作不当扣1~10分	
6	后期处理	消除应力	4分	操作不当扣1~4分	
		弹性变形	4分	操作不当扣1~4分	
7	安全文明	无安全隐患,无不文明操作	5分	未达标扣1~5分	
8	5S情况	工具清洁与归位	5分	漏一项扣1~5分	
		工作场地的清洁	3分	不彻底扣1~3分	
9	完成时间	30min	10分	超时1~5min扣1~5分 超时5min以上扣10分	
	总分		100分		

学习任务六　车身测量校正

任务要求

完成本学习任务后,你应该:

1. 能够识读车身数据图;
2. 认识三维测量的各种方法;
3. 掌握超声波电子测量系统的使用方法。

建议学时:6 学时

任务描述

一辆轿车发生了交通事故,车辆损坏相当严重但未伤及人员。车主将车辆拖进修理厂要求修理厂将车辆修复。通过初步判断,车辆的左右前纵梁都已损坏,而且也伤及车身中部。现初步工作是恢复车辆基本尺寸。

一、理论知识准备

1. 车身数据图的识读

碰撞导致汽车车身变形之后,车身整体定位参数就发生变化,对行驶性、稳定性、平顺性、安全性和实用性等都产生至关重要的影响。所谓整体定位参考,是指那些对汽车发动机、底盘、车身主要构件的装配位置,有着直接影响的基础数据,如:汽车的前轮定位、轴距误差和各总成的装配位置精度等。这些可以定量测得的表征车身外观、装配尺寸和使用性能的参数值,是原厂技术文件上作了重要规定的技术数据。

对车身的矫正或更换主要构件,都需要通过测量来保障其相关的形状、尺寸和位置精度,维修过程中不断测量车身定位参数值,可以判定修复作业的进度和控制修复质量。

因此,以钣金维修工艺为基础的测量,一般分为3个类型:作业前的检测,旨在确认车身损伤状态和掌握变形程度;作业过程中的检测,有助于对修复的质量控制;竣工后的检测,为验收和质量评估提供可靠的数据。不论哪一种检测,都要围绕车身测量基准进行。

1)车身测量基准的选择

车身修复中对变形的测量,实际上就是对车身及其构件的形状与位置偏差的检测。选择测量基准又是形状与位置偏差检测中十分重要的内容。

(1)控制点原则。

车身测量的控制点,用于检测车身损伤与变形的程度。车身设计与制造中设有多个控制点,检测时可以按技术要求测量车身上各个控制点之间的尺寸,如果误差超过规定的极限尺寸时,应设法修复使之达到技术标准规定范围。承载式车身的控制点如图6-1所示,第一个控制点通常在前保险杠或前车身水箱支撑部位①;第二个控制点在发动机室的中部相当于前横梁或前悬架支撑点②;第三个控制点为中间车身相当于后门框部位③;第四个控制点在后车身后横梁或后悬架支撑点④。

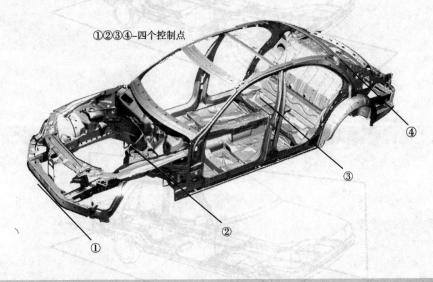

①②③④-四个控制点

图6-1 车身控制点的基本位置

(2)车身三维测量原理。

像使用直尺测量数据一样,要有一个零点作为尺寸的起点。同样,车身三维测量也必须先找到长度、宽度和高度的测量基准。只有找到基准,测量才能顺利进行。

①基准面。

基准面是一个假想平面,与车身底板平行并与之有固定的距离,如图6-2所示。基准面被用来作为车身所有垂直尺寸测量的参照面,汽车高度尺寸数据就是从基准面得到的测量结果。

②中心面。

中心面是三维测量的宽度基准,它将汽车分成左右对等的两部分,如图6-3所示。对称的汽车所有宽度尺寸都是以中心面为基准测得的。大部分汽车都是对称的,对称意味着汽车右侧尺寸与左侧尺寸是完全相同的。车身结构的一侧是另一侧完全对称的镜像。

③零平面。

为了正确分析汽车损坏,一般将汽车看作一个矩形结构并将其分成前、中、后三部分,三部分的基准面称作零平面,如图6-4所示,这三部分在汽车的设计中已形成。不论车架式车身还是整体式车身结构,中部区域是一个具有相当大强度的刚性平面区域,在碰撞时汽车中部受到的影响最小。这一刚性中部区域可用来作为观测车身结构对中情况的基础,所有的测量及对中观测结果都与零平面有关。在实际测量中,零平面也叫零点,是长度的基准。

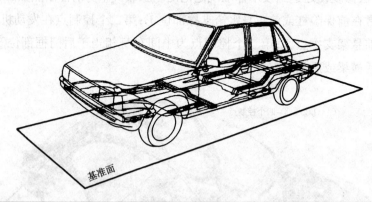

图6-2 基准面

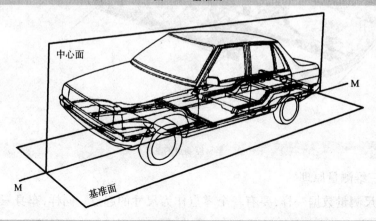

图6-3 中心面

2)车身数据图

车身测量工作对于成功修复损伤非常重要,修复后数据的准确性对车辆的行驶性能和安全性都有非常大的影响。在车身修理中测量工作需要频繁应用,这就要用到车身数据,不同的车辆其标准数据是不一样的,在维修中可能会使用各种车辆各种类型的数据。

每家汽车公司的汽车都有车身数据,有些数据公司也通过测量来获得数据。不同的数据公司和厂家提供的数据格式可能不同,但要表达的基本内容是一致的,都要提供出车身主要结构件、板件(车门、发动机罩、行李舱盖、翼子板等)的安装位置,机械部件(发动机、悬架、转向系统等)的安装尺寸。

（1）识读车身底部三维尺寸数据图。

下面给出一套车身底部三维尺寸数据图，通过识读，正确找出车身底部测量点的三维尺寸。

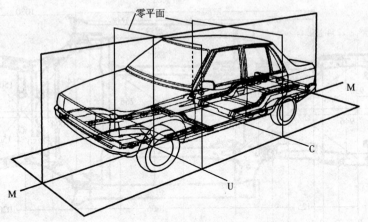

图6-4　零平面

①选择一个车身底部三维尺寸数据图后，首先通览全图，如图6-5所示。

图6-5的上半部分是俯视图，下半部分是侧视图，用一条虚线隔开。图的左边代表车身的前部，右边代表车身的后部。

②读取宽度数据，方法如下。

a. 找到宽度基准。

在俯视图中间位置有一条贯穿左右的黑实线，这条线就代表中心面，是宽度数据的基准。

b. 读取宽度数据。

俯视图上的黑点表示车身上的测量点，一般的测量点是沿中心面对称的。两个黑点之间的距离有数据显示，单位是mm（有些数据图还会在括号内标出英制数据，单位是in），每个测量点到中心面的宽度数据是图上标出的数据值的$\frac{1}{2}$。

③读取高度数据，方法如下。

a. 找到高度基准。

在侧视图的下方有条较粗的黑线，这条线就是车身高度的基准线。

b. 读取高度数据。

在基准线的下方有从A～R的字母，表示车身测量点，一般每个字母表示的测量点分别对应俯视图上沿中心面对称的两个测量点。侧视图上每个点到高度基准线的距离都有数据表示，这些数据就是测量点的高度值。

④读取长度数据，方法如下。

a. 找到长度基准。

在高度基准线的字母 K 和 O 的下方各有一个小黑三角,表示 K 和 O 是长度方向的零点。K 点是车身前部测量点的长度基准,O 点是车身后部测量点的长度基准。

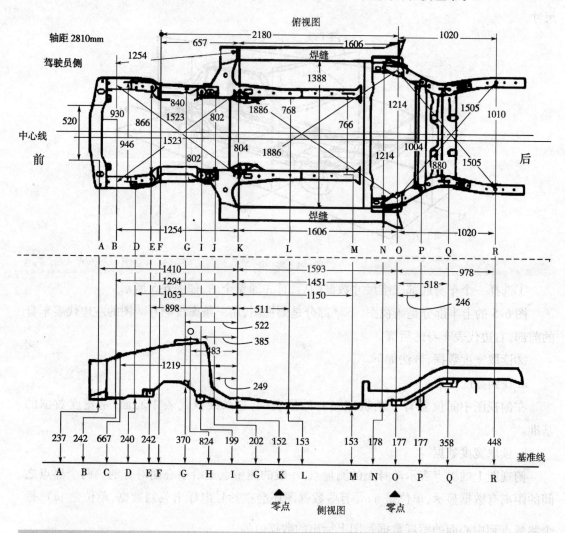

图 6-5 车身底部测量三维尺寸数据图

b. 读取长度数据。

从 K 点向上延伸有一条线延伸至俯视图,在虚线的下方位置可以看出汽车前部每个测量点到 K 点的长度数据显示。从 O 点向上延伸有一条线延伸至俯视图,在虚线的下方位置可以看出汽车后部每个测量点到 O 点的长度数据显示。

⑤读图举例:确定 A 点的长、宽、高的尺寸。

a. 首先要在图中找出 A 点在俯视图和侧视图上的位置;

b. 从俯视图中可以找到对称 A 点之间的距离是 520mm,A 点至中心线的宽度值是前述距离的一半为 260mm;

c. 从侧视图的高度基准线可以找出 A 点的高度值为 237mm;

d. 从 A 点和 K 点的向上延伸线可以找出 A 点长度值为 1410mm。

(2) 读车身上部三维尺寸数据图。

下面给出一套车身上部三维尺寸数据图,通过识读,能正确找出车身上部测量点的三维尺寸。

① 选择一个车身上部三维尺寸数据图后,首先通览全图,如图 6-6 所示。

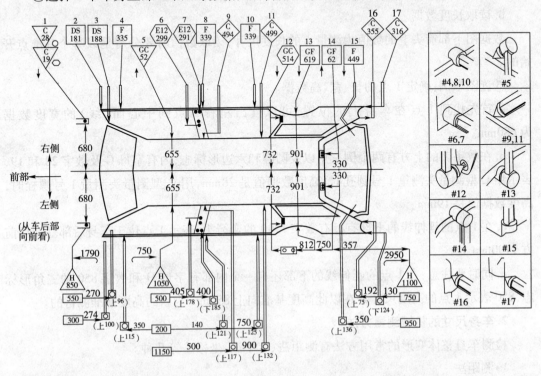

图 6-6　车身底部测量三维尺寸数据图

图 6-6 的左侧表示汽车前方,显示了包括发动机罩铰链位置、前后风窗、前后门、背门、角门以及前、中、后立柱的尺寸数据。

② 读取宽度数据,方法如下。

a. 在俯视图的中心部位有一条线把车身一分为二,这条线就是中心面。

b. 车身上的测量点用 1~17 的数字表示,每个数字代表车身上左右两个测量点。通过每个测量点到中心面显示的数据可以直接读出宽度数据。

③ 读取高度数据,方法如下。

a. 在数据图的上方有一排图标,有六边形、正方形、三角形和菱形等,内部有 C、E、F、DS、GF、GC 等字母和数字。六边形表示测量点是一个螺栓;正方形表示测量部件的表面;数据图下部的三角形表示测量的基准位置的变化情况,H 表示基准升高;菱形表示非重要测量点。

b. C、E、F、DS 等字母表示测量时所有测量头的型号,G 表示要用 G 型测量头与其他测量头配合使用。数字表示高度数值。

④读取长度数据,方法如下。

a. 找到长度基准。

上部测量点长度的基准与车身底部测量点的长度基准一致,一般有前后两个长度基准。

b. 读取长度数据。

数据图下部箭头上的数值为测量点的长度尺寸,读取数值时要分清是以哪个基准点开始的。

⑤读图举例:确定1点的长、宽、高数据。

a. 首先找到1点在车身上的位置,可以读出左右1点到中心面(线)的宽度数据为680mm。

b. 在数字1的上方有两个倒三角以及圆圈和六边形标志,内有字母C及数字28和19,表示用C型测量头测量1号圆孔时,高度数据值是28mm,用C型测量头测量1号螺栓时,高度数据值是19mm。

c. 在1点的延伸线的下部有标有数字1790的弯箭头,表示1点位于车身后部基准点前方1790mm处。

d. 同时要注意:在1点的延伸线的下部还有一个内部有字母H和数字850的三角形标志,850表示1点的高度尺寸是在以此高度基准向上850mm为新的高度基准测得的。

2. 车身尺寸的机械测量方法

检测车身整体变形的常用方法有测距法、定中法、坐标法等几种。

1)测距法

测距法是指直接测量车身各控制点之间的距离或各总成的安装位置尺寸,将所量得的数据与车身技术参数中所给定的值相比较判定变形程度的方法。通过测距法可以直接获得定向位置点与点的距离,是简单、实用的一种测量方法。它主要通过测距来体现车身构件之间的位置状态。测距法所使用的量具是钢卷尺、轨道式量规等。

(1)钢卷尺。

钢卷尺测量简单、方便、工具费用低,但测量误差大,不够准确,用于对精度要求不高的场合。因为车身测量的许多基准点是孔洞,利用钢卷尺进行测量时,最好能把它的钩头做一下改动,变细一点,可以直接伸入测量孔中,这样可以提高效率和准确度。

在用卷尺测量的基准点是孔时,一定要注意尺寸数据的读取方法,建议不要读取钢卷尺在基准点孔中心位置的刻度,应该读取基准点孔边缘位置的刻度,如图6-7所示。因为用眼睛来判断孔中心位置是困难的,而观察孔边缘比较容易。

当测量两个直径相等的孔时,利用图6-7所示的方法就十分容易读出,但当测量两个孔直径不一样时,测量的结果要稍做计算,测量方法如图6-8所示。

(2)轨道式量规。

轨道式量规也叫专用测距尺或杆规,在车身测量两点间的中心距离时比钢卷尺要灵活、方便,特别是在有些基准点之间有阻隔物或者高度不在同一平面上时,显得更加有优势。

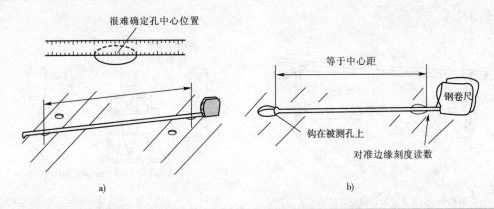

图6-7 利用卷尺测量时尺寸的读取方法
a)错误方法;b)正确方法

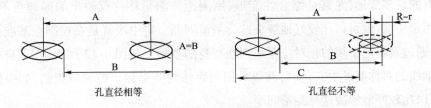

图6-8 测量两个参照孔距离的方法

轨道式量规结构组成有轨道尺、测距尺和测量头等。轨道尺上有尺寸刻度,可以直接读出两个测距尺间的距离;测距尺高度是可以调整的,可以在轨道尺上移动,根据测量基准点之间距离调整到适当位置;测量头是圆锥形的,有自动定心作用。轨道式量规结构及使用方法如图6-9所示。

当两个基准点的孔径都比测量头的圆锥直径小时,用轨道式量规测量最为方便,不管两个孔径大小是不是一样,只要用如图6-9所示的方法,把测量尺调整到合适位置和合适高度让两个测量头能自然落到测量孔中,然后从轨道尺上读数位置直接读出相应刻度就可以了。如果基准点孔径比测量头的圆锥大或者孔的深度太浅,测量头的自动定心功能就失去了作用,这时要想测得准确尺寸,同样采用边缘测量的方法,如图6-10所示。

如果两个孔径大小不同,要测出中心距,同样可以先分别测出内侧边缘距离和外侧边缘距离,如图6-11所示。然后把这两个测量结果相加再除以2即可。例如,有两个圆孔,一个孔径为15mm,另一个孔径为30mm,测得内缘的距离为300mm,外缘距离为320mm,则两孔的中心距为(300+320)/2=310mm。

轨道式量规可以用于车上不同部位的测量，在测量过程中必须及时做好记录，并且基准点之间的尺寸要相互印证，可以通过对角线测量方法来印证。如果测量前知道相应位置的正确尺寸，就能准确地确定损伤变形或者及时知道维修恢复的程度。如果没有标准的参考尺寸可用，可以采用同样牌号、生产年份、型号、车身类型的完好汽车作为参考，得到正确的车身尺寸。

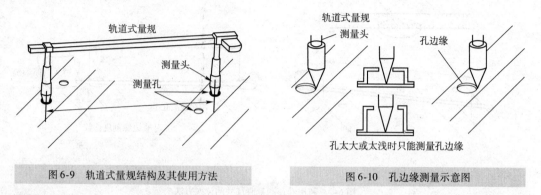

图6-9　轨道式量规结构及其使用方法　　　　图6-10　孔边缘测量示意图

2）定中法

车身的许多变形，尤其是综合性变形，用测距法测量往往反映出的问题也不够直观。如果使用定中法，就可以比较好地解决这类测量问题。定中法就是在控制点基准孔中悬挂定中规，通过观察定中规的相对位置来判断车身的变形。如图6-12所示，当车身或车架与汽车纵轴线的对称度发生变化时，就很难用测距法对变形做出准确的判断，如果使用定中法，就可以比较好地解决这类测量问题。

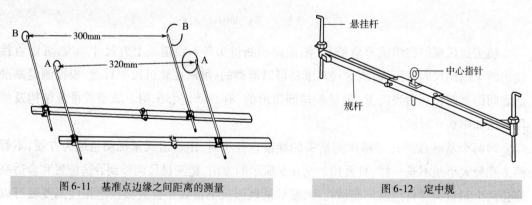

图6-11　基准点边缘之间距离的测量　　　　图6-12　定中规

将图6-13a)所示的定中规挂于车架的基准孔上，通过检查定中销是否处于同一条轴线上以及定中规尺面是否相互平行，就可以判断车架是否存在弯曲、翘曲或扭曲变形，如图6-13b)所示。

将图6-14a)所示的定中规挂于车身壳体骨架的基准孔上，通过检查定中销、垂链及平行尺是否平行以及定中销是否处于同一条轴线上，就可以十分容易地对骨架变形做出相应的诊断，如图6-14b)所示。

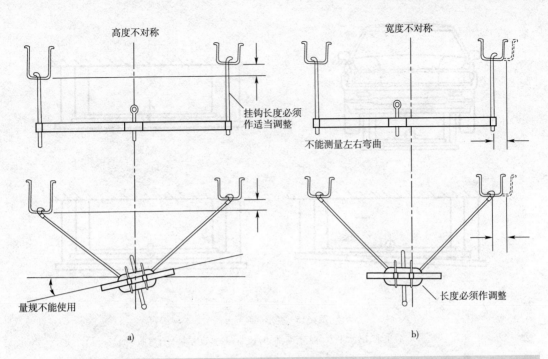

图6-13 定中规悬挂点的对称性调整
a）垂直方向上的差别；b）水平方向上的差别

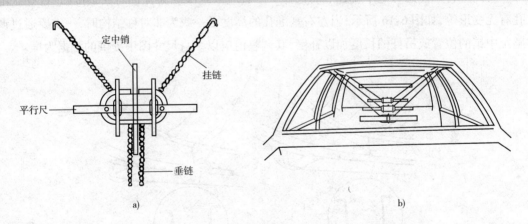

图6-14 骨架立柱变形的检查
a）吊链式定中规；b）吊挂方法

使用定中规判断车身变形有其规律可循。如当定中销发生左右方向的偏离时，可以判断为水平方向上的弯曲；当定中规的尺面出现不平行时，可以判断为扭曲变形；当尺面的高低位置发生错落时，则可以判断为垂直方向上的弯曲，如图6-15所示。

应当指出，欲对垂直方向上的弯曲做出精确判断时，应保证定中规的吊杆长度符合要求。也就是说，当其中一个定中规的高度确定后，应以参数表规定的数据为准，对其他定中规吊杆的长度按高低差作增减调整，使悬架高度符合标准。

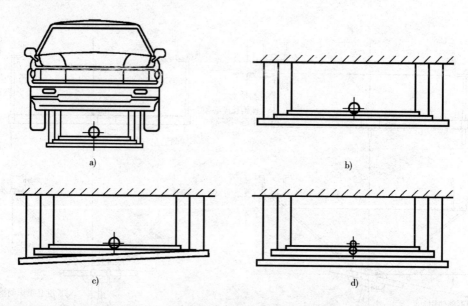

图6-15 变形的判断方法

a)正常；b)水平方向上有弯曲；c)扭曲；d)垂直方向上有弯曲

用定中法测量从理论上讲是精确的，但如果操作不当却很容易出错造成测量结果失准。为此应特别注意对定中规挂点的选择。一般应以基准孔为优选对象，并注意检查基准孔有无变形等，如图6-16所示；当左右基准孔的高度不一或为非对称结构时，一定要通过调整定中销的位置或吊杆的长度加以补偿，其调整值应以车身尺寸图中提供的数据为准。

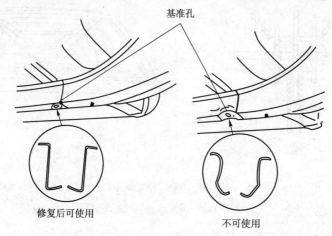

图6-16 定中规悬架点变形分析

3）坐标法

轿车的多曲面外形无法通过一般的简单测量得到准确有效的结果，可采用坐标进行测量。如果使用如图6-17所示的桥式测量架，就可以比较容易地实现这方面的工作。

桥式测量架由导轨、移动式测量柱、测量杆和测量针等组成。在测量过程中，可以根据需要调整其与车身的相对位置,使测量针在接触到车身表面的同时,还能够直接从导轨、立柱、测杆及测量针上读出所对应的测量值。

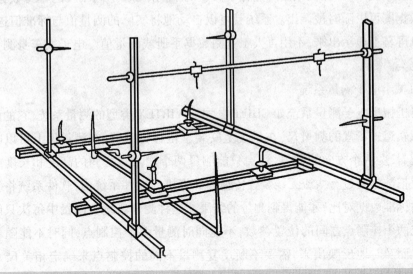

图6-17 桥式三坐标测量架

坐标法的测量原理是用测量架采集被测量点上 X、Y、Z 三个方向的数据,如图6-18所示,通过用一组平行于 XZ 平面的平行平面,截取被测件型面,交线即为所在面的曲线。同理,也可用平行于 YZ 平面的一组平行面测得各截面曲线。将两组测得的曲线组合,即可获得该构件曲面型线的坐标参数,圆滑连接便可形成该构件表面实样测绘图。对测量结果进行对比、分析,车身构件的外观形状误差便可体现出来。

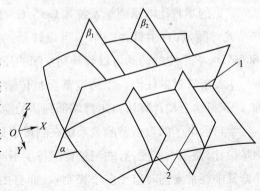

图6-18 坐标法的测量原理

在使用坐标法时,要注意以下事项:

(1)着重对车身上起支撑和固定作用的螺栓孔、柱销孔间距进行测量,有些点的测量为两点间直线测量距离;

(2)进行水平方向的测量时,量规臂应与车身基准面平行,量规臂上的指针长度应根据需要进行适当的调整;

(3)车身尺寸说明书上的测量要求多样的,重要的一点是必须使用与车身说明书或维修手册要求一致的测量方法,否则就很容易发生测量误差;

(4)对车身说明书标注出的所有点都要进行测量,变形量通常以说明书上的尺寸为准并与实际测量结果做比较。

3. 车身尺寸的电子测量方法

电子式车身测量系统使用计算机和传感器来迅速、便捷地测量车身结构的损坏情况,性能好的电子测量系统能够在车身拉伸校正过程中给出实时的测量数据。

在该测量系统中,计算机数据库储存了大量的不同厂家、不同年代的车身数据,这些标准的车身数据图可以随时被调出。系统就可以自动地将实际的测量值与标准值进行比较,并在计算机屏幕上显示出来,不用再人工查阅数据手册或测量值。电子式车身测量系统主要有以下几类。

1) 半机械半电子测量系统

常见半机械半电子测量系统如 CHIEF 公司的 VIRTEX 类型的测量系统,它的测量工具是一个类似轨道式量规的测量尺,在量规上安装了位移传感器,在测量尺上可以电子显示测量的高度、长度两个方向的数值,一次只能测量两个测量点之间的高度和长度或高度和宽度。然后把数据通过有线或无线装置传输到计算机的软件系统内,软件系统将测量的数据与系统内标准数据对比,才能得到测量的结果。这种测量系统在测量中每次只能测量一个控制点或两个控制点之间的位置参数,不能同时测量多个控制点,同时不能随着测量点数据的变化而及时地反映出来,需要不断反复测量不同的控制点来确定相关尺寸的正确性,操作比较繁琐,效率比较低。

2) 半自动电子测量系统

常见的半自动电子测量系统如 Car – O – Liner、Carbenc、Spenis 等测量系统,使用自由臂方式进行测量,自由臂由一节节可以转动的关节连接,每两个臂之间可以在一个平面内360°转动,多个臂的转动可以移动到空间的任意一个位置。在连接处有角度位移传感器,任何一个关节转过的任何一个角度都会被传输记录到计算机上。自由臂的每个臂长是一定的,计算机会自动计算出自由臂端部到达的空间位置的三维数据尺寸。

半自动电子的自由臂测量系统在测量中只能测量一个控制点,有的测量臂的端部只是测量指针,使用不方便,有的测量臂配备了不同的测量头,测量起来就简单多了。在实际拉伸修复中经常要同时监控多个控制点,而自由臂测量系统不能做到多点同步进行测量;计算机接收系统在测量前需要进行调平,在测量过程中接收器的任何移动会导致基准变化而使测量数据不准确。

3) 全自动电子测量系统

(1) 红外线测量系统。

红外线测量系统包括若干个反射靶、一个红外线发射及接收器和一台计算机。它采用红外线测量技术,由两个准分子红外线发射并投射到靶上,每个标靶上有不同的发射光栅,红外线接收器通过接收光栅反射的红外线光束测量出数据并传输给计算机,由计算机通过计算可以得到测量点的空间三维尺寸。红外线系统提供直接且即时的尺寸读数,在拉伸和校正作业过程中,车辆的损坏区域和未损伤区域中的基准点都可被持续监测。

(2) 超声波测量系统。

全自动电子测量系统中目前应用最为广泛的一种是超声波测量系统,它的测量精度可以达到±1mm以内,测量稳定、准确,可以瞬时测量,操作简单、高效。可以为车辆预检、修理中的测量和修理后检验等工作提供有效的帮助,现在也用于一些二手车辆交易的车身检验工作中。超声波测量系统有超声波发射器、超声波接收器、控制柜(主机)及各种测量头组成。

二、实践操作

1. 实训准备条件

白车身,奔腾shark超声波电子测量系统,常用工具,举升机(校正平台),车身维修手册等。

2. 技术要求与注意事项

(1)遵守测量安全操作流程。

(2)正确做好安全防护。

(3)测量时正确找到测量基准及测量点。

(4)测量时设备及测量探头选用正确。

(5)正确测得每个测量点的三维数据(长、宽、高)。

3. 奔腾shark超声波电子测量实训

信号接收装置安装在测量横梁上,发射器发送超声波,由于声音是以等速传播的,所以接收器可快速精确地测量声波在车辆上不同基准点之间传播所用的时间。计算机根据每个接收器的接收情况自动计算出每个测量点的三维数据,如图6-19所示。

(1)安放测量横梁。

将车辆举升到一定高度,把测量横梁安放到车身下部。调整车身下部的最低点与横梁下平面的距离在30~40cm之间,横梁与车辆方向调成一致,如图6-20所示。

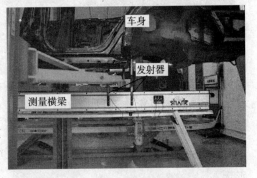

图6-19 超声波测量系

图6-20 安放测量横梁

(2) 系统连接。

将测量横梁与控制电脑相连，要求采用稳压电源，如图 6-21 所示。

图 6-21　连接横梁

(3) 开机进入系统界面。

选择语言种类，如图 6-22 所示。为了方便各国的使用者，系统内安装了几种语言形式。

图 6-22　语言选择

(4) 选择车辆型号。

记录用户信息，包括车辆的信息和车主的信息，这些信息可以与后面测量的结果一起存储，方便以后再次查询，如图 6-23 所示。

(5) 根据车辆的类型。

选择汽车公司、汽车品牌和生产年代，从数据系统内调出符合的车型数据图，如图 6-24 所示。

(6) 测量模式选择，根据车辆受损情况点击"Page Up"和"Page Down"，或通过左右箭头键选择有无悬架，系统包括有悬架模式和无悬架模式，可根据实际情况选定。如果车身已经将悬架拆除了，就选择无悬架模式；如果车身未将悬架拆除掉，就选择有悬架模式，如图 6-25 所示。

(7) 选择测量基准。

根据车辆的损坏情况来选择长度基准，如图 6-26 所示。若汽车前端发生碰撞则选择后面的基准作为长度基准；若汽车的后端发生碰撞则选择前面的基准作为长度基准；如果车身中部发生碰撞，则要对车身中部进行整修，直到车身中部四个基准点有三个尺寸被恢复。

学习任务六　车身测量校正

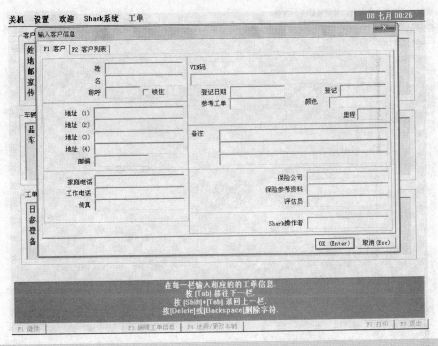

图 6-23　记录客户信息

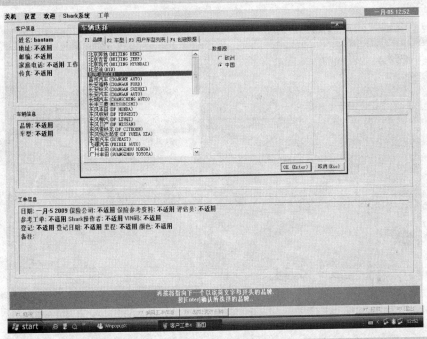

图 6-24　选择车型

(8) 测量点传感器的安装。

根据车身的损坏情况来选择车身上哪些点需要测量，按照计算机的提示选择合适的安装头，如图 6-27 所示。如果对要测量的车身不是太熟悉，计算机还可以显示测量的位置图片，根据测量点的实际情况，选择探头。如果安装位置是孔，需要使用孔探头。

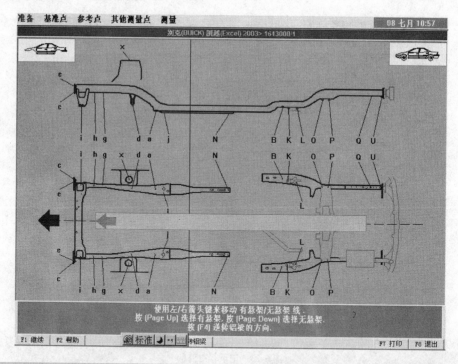

图 6-25 车辆模式选择

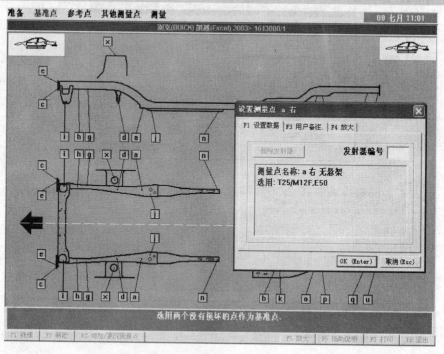

图 6-26 基准点的选择

① 如果安装位置在正面上,需要用转换接头改变方向,如图 6-28 所示。
② 如果长度不合适,可以选择长度合适的加长杆补偿,如图 6-29 所示。

图 6-27　各种测量探头

 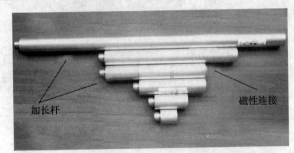

图 6-28　转换接头　　　　　　　图 6-29　各种加长杆

将发射器根据要求安装到车身测量点的测量孔或螺栓头上。把传感器的连接线连接到选定的接口上,完成测量头的安装,如图6-30所示。

(9)测量数据。

①基准点的测量。

计算机根据需要能自动地把基准点的测量数值显示出来,包括测量点的实际数值、标准数值和两者之差,如图6-31所示。

②其他点的测量。

基准点的尺寸测量完成以后,进行其他点的测量。点击上次测量(为白色框)的点,在弹出的对话框中选择删除发射器,该点将变成蓝色,然后再选择要测量的其他点进行测量。

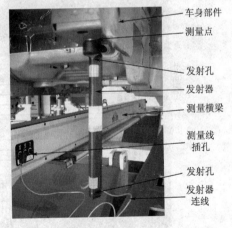

图 6-30　发射器

(10)拉伸校正中的测量。

在拉伸校正中,超声波测量系统可以一次测量多个测量点,能同时对几个点进行测量监控。可以选择持续测量实时监控模式,系统会自动间隔很短的时间发射一次超声波进行测量,并把最新的测量结果在显示器上实时显示(图6-32)。在校正过程中,修理技师可以很直观地观察到车身尺寸的变化情况。

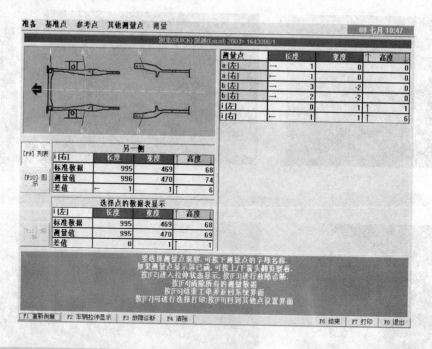

图 6-31 测量界面

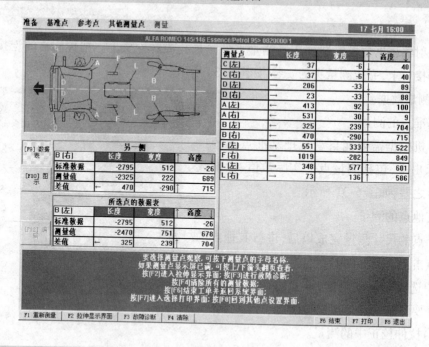

图 6-32 所有测量数据

在测量界面点击 F2 会进入拉伸界面。发射器会不间断的测量,实时对车身进行监控。黄绿色圆圈代表高度方向的误差。红白相间的代表长度和宽度方向的,起始点代表目前变形车身的位置,终止点代表正确位置。如要对每点进行放大点击 F1,如图 6-33 所示。

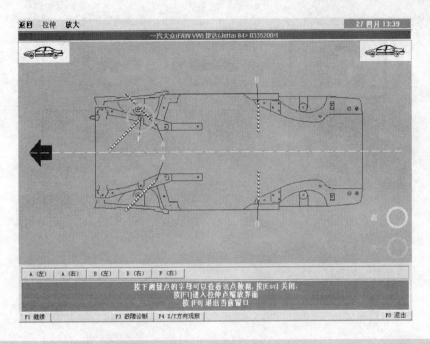

图 6-33 实时监控界面

拉伸界面的放大显示，能够更醒目的显示车辆测量点的变形与修复情况，如图 6-34 所示。

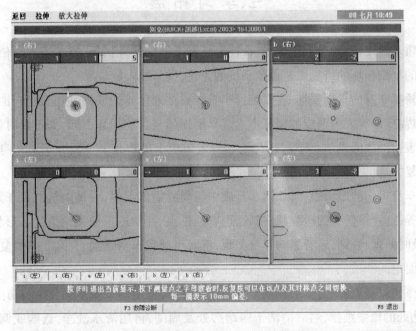

图 6-34 各点实时监控界面

(11) 数据打印。

车身测量完成后,可以将测量的数据进行存储及打印出来,如图 6-35 所示。

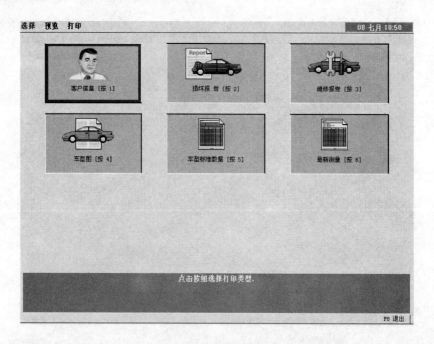

图 6-35　各种数据界面

三、学习拓展

由于轿车速度快,车身光洁圆滑,往往容易发生一些意外损坏,本文力求通俗地对轿车车身常见的早期损坏的修复工艺做较系统的论述,供车勤人员参考。

所谓轿车车身的早期损坏,主要是指车身除自然老化外造成的刮伤、擦伤、油漆脱落以及钣金脱焊、变形等人为造成的损坏形式。早期损坏与自然损坏不同,如不及时修复,不仅影响车身表面油漆的光洁、美观,还会给车身造成更大的损伤。下面介绍对车身早期损坏的简易修复方法。

导致车身擦伤的原因很多,如汽车行驶中与硬的物体刮碰,或被淘气的孩子划伤,或被飞石砸伤等,这种擦伤有的呈线状、带状,也有的是点、片状的。但无论呈什么形状、何种原因,都应及时处理,否则,轻者影响车身美观,重者可导致车身锈蚀、穿孔。其修复方法要视擦伤程度而定。

如果擦伤只是表面,没有损坏到车身的金属部分,可用油漆修复剂或精制切削膏(摩擦剂)将擦伤处的松漆蹭掉,然后清洁干净蹭磨处及周围,再用清水洗净,选购或调制与车身颜色一致的油漆,用特制漆刷,把油漆刷在擦伤处。要小心地一层一层刷平,直到擦伤处与周围部分平齐。放置两周新漆干后,再用油漆修复剂或精制的切削膏修磨擦伤部分,使其与周围的油漆融为一体。最后,再用抛光蜡抛光即可。

如果擦伤较深,损坏到了车身的金属部分,并导致了生锈,那么修理时,就应先除锈,用小刀将锈迹刮掉,涂上防锈漆,待漆干后,将填料(俗称腻子)刮涂在擦伤处,填料不宜过厚。如果擦伤较窄,可用纤维稀释剂将填料稀释后涂上,在填料变硬前,将手指上裹一光滑干净的棉抹布,在纤维稀释剂中蘸一下后,迅速抹在擦伤处的填料表面,这样可使填料表面稍微凹陷,然后,再按前面的方法上漆即可。

四、评价与反馈

1. 自我评价及反馈

(1)能否主动参与工作现场的清洁和调整工作?　　　　　　　　　　( )

　　A. 主动完成　　　　B. 被动完成　　　　C. 未完成

(2)完成本学习任务后,你记住了多少知识?　　　　　　　　　　( )

　　A. 记住了20%　　　B. 记住了50%　　　C. 记住了80%及以上

(3)你能否正确规范使用shark超声波系统?　　　　　　　　　　( )

　　A. 能　　　　　　　B. 不能　　　　　　C. 可以在老师的提醒下完成

(4)车身尺寸的机械测量系统中检测车身变形的常用方法有哪几个?它们分别可以用什么样的工具实现?

_____

_____

(5)常用的电子式车身测量系统主要有哪几类?

_____

_____

(6)超声波电子测量系统有哪些优点?

_____

_____

(7)下次遇到类似的学习任务应如何改善,从而提高学习效果?

_____

_____

签名:_____　_____年_____月_____日

2. 小组评价及反馈

(1)工作页的填写情况如何？   (   )

  A. 正确且书写认真　B. 正确但书写潦草　C. 有抄袭现象　D. 未完成

(2)是否主动参与小组讨论？   (   )

  A. 主动　　　　　　B. 被动　　　　　　C. 未参与

(3)是否完成本学习任务的学习目标？   (   )

  A. 完成且效果好　　B. 完成但效果不好　C. 未完成

(4)是否积极学习,对于不懂的知识是否积极向别人请教,是否积极帮助他人学习？

                                               (   )

  A. 积极学习　　　　B. 积极请教　　　　C. 积极帮助他人　D. 全部不积极

(5)零件、工具与油污有没有落地,有无保持作业现场的整洁？   (   )

  A. 无掉地且场地整洁　　　　　　B. 有零件、工具掉地

  C. 有油污掉地　　　　　　　　　D. 未保持作业现场的清洁

(6)实施过程中是否注意维修质量和有责任心？   (   )

  A. 注意质量,有责任心　　　　　B. 不注意质量,有责任心

  C. 注意质量,无责任心　　　　　D. 全无

  参与评价的同学签名：＿＿＿＿＿＿　＿＿＿＿＿＿年＿＿＿＿＿＿月＿＿＿＿＿＿日

3. 教师评价及答复

＿＿

＿＿

＿＿

  教师签名：＿＿＿＿＿＿　＿＿＿＿＿＿年＿＿＿＿＿＿月＿＿＿＿＿＿日

五、技能考核标准

序号	项目	操作内容	规定分值	评分标准	得分
1	准备	清点工具、清理工位	2分	酌情扣分	
2	安全防护	操作时穿工作服	2分	未操作扣1~2分	
		操作时戴工作帽	2分	未操作扣1~2分	
		操作时戴护目镜	2分	未操作扣1~2分	
		操作时戴手套	2分	未操作扣1~2分	
		操作时穿安全鞋	2分	未操作扣1~2分	
		有无佩戴金属饰物	2分	未操作扣1~2分	

续上表

序号	项目	操作内容	规定分值	评分标准	得分
3	工作流程	连接测量设备	2分	操作不当扣1~2分	
		进入测量界面	2分	操作不当扣1~2分	
		选择实际操作车辆的相关信息	2分	操作不当扣1~2分	
		基准点测量附件选择并安装	4分	操作不当扣1~4分	
		参考点测量附件选择并安装	4分	操作不当扣1~4分	
		测量点1的测量附件安装与测量	4分	操作不当扣1~4分	
		测量点2的测量附件安装与测量	4分	操作不当扣1~4分	
		测量点3的测量附件安装与测量	4分	操作不当扣1~4分	
		测量点4的测量附件安装与测量	4分	操作不当扣1~4分	
4	测量数据	基准点:长、宽、高	4分	数据不符扣1~4分	
		参考点:长、宽、高	4分	数据不符扣1~4分	
		测量点1:长、宽、高	6分	数据不符扣1~6分	
		测量点2:长、宽、高	6分	数据不符扣1~6分	
		测量点3:长、宽、高	6分	数据不符扣1~6分	
		测量点4:长、宽、高	6分	数据不符扣1~6分	
5	工具使用	正确选用测量附件	2分	操作不当扣1~2分	
		手持测量附件正确	2分	操作不当扣1~2分	
		正确选择测量附件安装工具	2分	操作不当扣1~2分	
		安装方法正确	2分	操作不当扣1~2分	
		正确、合理拆卸测量附件	2分	操作不当扣1~2分	
6	作业安全	工具设备使用安全	2分	操作不当扣1~5分	
		设备、工具的跌落	3分	操作不当扣1~5分	
7	完成时间	时间共30min	2分	未达标扣1~2分	
8	工单填写情况	书写整齐,全面	2分	未达标扣1~2分	
9	5S情况	工具清洁与归位,工作场地的清洁	5分	漏一项扣1~2分 不彻底扣1~5分	
		总 分	100分		

参 考 文 献

[1] 李新起.汽车车身修复技术[M].北京:中央广播电视大学出版社,2006.
[2] 黄平.汽车车身修复技术[M].北京:人民交通出版社,2006.
[3] 李庆军,王凤军.汽车车身修复及涂装技术[M].北京:机械工业出版社,2008.
[4] 张湘衡.汽车车身修复.武汉:华中科技大学出版社[M].2009.
[5] 刘建华,于汇泉.汽车钣金基本工艺与设备[M].北京:机械工业出版社,2009.
[6] 姜勇.汽车车身修复技术[M].北京:电子工业出版社,2010.
[7] 王永福.汽车车身修复[M].重庆:重庆大学出版社,2011.
[8] 梁振华.汽车钣金基本工艺与设备[M].北京:人民邮电出版社,2012.